U0688183

新时代高校大学生
思想政治教育实效性研究

李香贞　吴嘉继　张新娜◎著

中国出版集团 ｜ 全国百佳图书
中国民主法制出版社 ｜ 出版单位

图书在版编目（CIP）数据

新时代高校大学生思想政治教育实效性研究 / 李香贞，吴嘉继，
张新娜著 .—北京：中国民主法制出版社，2024.2
ISBN 978-7-5162-3507-2

Ⅰ . ①新… Ⅱ . ①李… ②吴… ③张… Ⅲ . ①大学生－思想政治
教育－教学研究－中国 Ⅳ . ① G641

中国国家版本馆 CIP 数据核字（2024）第 033112 号

图书出品人：刘海涛
出 版 统 筹：石　松
责 任 编 辑：刘险涛　吴若楠

书　　　名 / 新时代高校大学生思想政治教育实效性研究
作　　　者 / 李香贞　吴嘉继　张新娜　著

出版 · 发行 / 中国民主法制出版社
地址 / 北京市丰台区右安门外玉林里 7 号（100069）
电话 /（010）63055259（总编室）　63058068　63057714（营销中心）
传真 /（010）63055259
http://www.npcpub.com
E-mail: mzfz@npcpub.com
经销 / 新华书店
开本 / 16 开　787 毫米 × 1092 毫米
印张 / 12　字数 / 200 千字
版本 / 2024 年 4 月第 1 版　　2024 年 4 月第 1 次印刷
印刷 / 廊坊市源鹏印务有限公司

书号 / ISBN 978-7-5162-3507-2
定价 / 68.00 元
出版声明 / 版权所有，侵权必究。

Preface
前言 ————————————————————————

　　高校思想政治理论课是大学生接受思想政治教育的主渠道之一，也是大学生的必修课，同时也是帮助大学生树立正确世界观、人生观、价值观的重要方式。在新时代，高校思想政治课要确保中国特色社会主义思想进课堂、进教材、进师生头脑，更要以培养担当民族复兴大任的时代新人为着眼点，全面落实立德树人根本任务，以社会主义核心价值观为引领，全面推进高校思想政治工作改革创新，充分运用新时代的伟大成就，创新传统的高校思想政治教育方法，提高思想政治教育实效性。

　　本书从新时代高校大学生思想政治教育的基础理论出发，阐述了高校思想政治教育的培养体系，深入研究了落实高校大学生思想政治教育的实效性方法，并积极探索在高校思想政治教育中的实践。通过研究、分析和总结，提出了新时代高校思想政治教育实效性提升的内容与评价等，在论述新时代环境下高校思想政治教育路径创新的同时，详细介绍将之落到实处的措施和机制。

　　本书在写作过程中，借鉴了很多相关的研究成果及著作，在此对有关的学者、作者表示诚挚的感谢。新时代高校大学生思想政治教育实效性研究是一个不断探索与完善的过程，因此书中可能还有很多缺漏和不足之处，恳请广大读者积极给予指正，提出宝贵意见，以期完善本书。

　　本书在编写过程中，搜集、查阅和整理了大量文献资料，在此对学界前辈、同人和所有为此书编写工作提供帮助的人员致以衷心的感谢。由于编者能力有限，编写时间较为仓促，书中如存在不足之处，衷心敬请广大读者给予理解和指教！

Contents
目录 ———————————————————————————————————

第一章

新时代高校大学生思想政治教育的理论基础

第一节　高校大学生思想政治教育的概述

一、思政教育

（一）思政教育的含义

广义上的思想政治教育（以下简称"思政教育"），指一个群体为了巩固自己的统治、维护自身利益，以及顾全大局发展而对其群体内全部成员的思想意识施加影响，通过灌输符合自身阶级统治利益的思政观点和道德模范等，实现群体成员思想道德符合阶级统治发展要求的思想道德标准。

思政教育本质上是一种特定的实践活动。在社会中，人们组织和引导公众形成符合特定社会时代和人类自身发展要求的思想政治观念和人生观念。"特定"一词包括以下三层含义：一是特定主体，即指以某一类或群体为主体。二是特定内容，包括思想教育、道德教育和政治教育。目前，我国思政教育的内容主要是中国共产党的理论、路线、方针、政策。三是特定的目标对象，它是针对某个社会公众的。思政教育的目的是使人们形成一定社会所需要的思想。

（二）其他学科视角下的思政教育

1. 教育学的知识借鉴

教学活动是教育学体系的关键要素之一，教学活动包括课程内容的总体设计、课程活动的主体与客体、教学目标、教学手段、教学达成效果等部分。教学活动将德育与智育相统一，将教学触角伸出课堂、走出校园、深入社会。因此，可以说教学活动的整个活动流程与教育学中对于教学活动的研究是不谋而合的，因此，要将教育学中关于教育规律和教育活动的基本原理借来参考和借鉴，从而构建出优质、高水平的思政教育教学体系。

教育学为思政教育对如何组建课程活动、开展实践活动提供客观依据，并从教师角度入手揭示教师如何规范地实施教学过程，学生如何高效地参与到教学活动当中，以有效地进行教学来打造一套可遵从的规范，还要必须注意保持和教育学研究的核心内容相一致。教育学中关于教学主要手段的论述为思政教育提供了有益的借鉴，如思政教育教学中开展的形式多样的教学活动，在具体过程中引导学生将课本理论与实际相结合，达到实践育人的目的，这一点就是与教育学融会贯通的地方。

2. 心理学相关依据

掌握心理学在教育中对人的影响过程是思政教育进行构建的基本点，这表明必须从根源上探讨如何通过构建教学体系使学生在教学过程中达到所要求的思政品德，这一过程也可以反映出个体内心活动的变化和心理的起伏过程。在思政教育过程中，心理学的相关理论和方法能将学生思想品德形成过程的心理活动展现得淋漓尽致，深入挖掘如何构建切实可行的教学过程，可以揭示学生在教学活动中个体本身知、情、意、信、行等方面的心理变化。在分析研究这一过程的基础上，抓住内部规律，构建适应学生心理特点的思政教育规律。心理学除了用于发现学生在教学实践过程中思想品德形成的心理规律，还为思政教育的研究寻找了新的切入点，使构建的思政课教学具有全面性与广泛性，经得住各门学科的检验。

二、大学生思政教育

（一）大学生思政教育的含义

大学生思政教育就是对在校大学生思想意识统一加以影响，使其形成与社会发展所需的思想道德标准相符的思想观念、道德品质，为国家未来储备人才。这是普通高等院校一项教育目的明确、教育内容具体的活动。当前我国的普通高等院校为了达到其相应的教育成效，将理论灌输法与实践教育法有机融合。

1. 思政理论教育

普通高等院校通过思政理论课的课程学习从而加深大学生的思政知识底蕴。目前而言，普通高等院校的理论灌输法不仅体现在相关的课程中，也体现在通过党组织推优及党员培养的方式进行思政教育。

（1）通过对团员的推优，安排学习党课知识，配合完成党内实践活动等，在思政教育的过程中完成团员向党员政治身份的转变。

（2）通过对党员党内知识的培训和提高以及定期召开党内学习会议等活动，一方面考察和考核学生的思想意识和行为道德；另一方面更加强化了学生的政治素养。这种教育方式一般以非固定课程教育的形式在普通高等院校大学生中开展。这些理论课程，其中不仅包含了马克思基本原理、方法以及思想精髓的讲授，还包括马克思主义中国化的具体内容的讲授。目前来看，普通高等院校的理论灌输法的具体教学模式和环节包括理论的教授、学习、宣传和培训以及研讨等环节，是普通高等院校开展思政教育最基础，同时也是最高效的主要手段。

2. 通过实践锻炼法开展教育活动

通过实践锻炼法开展教育活动，简言之，就是通过合理的计划、明确的目的、清晰的理念引导和组织普通高等院校学生参加形式多样的，能够提升其思想意识和道德素质的社会实践性活动。在多样化的实践锻炼活动选择中，既要顾及大学生的年龄特点、性格特征、学习能力以及不同年级等多方面因素，也要同时兼顾将适当的教学内容加以融入，彰显实践活动的教育性。通过实践教育活动，提升大学生的思想觉悟和认识能力，强化理论灌输的教育的知识和内容，达到理论知识内化的目的。但事实上，寥寥可数的实践活动所呈现的教育力度和成效微乎其微，因此，普通高等院校必须长期坚持实践锻炼活动，才能使大学生在反复地锻炼中提升认识，并将认识内化为自身信念。

（二）大学生思政教育的内容

1. 社会主义核心价值观的培养

社会主义核心价值观作为社会主义价值体系的核心内容，不仅是一种社会价值理念，更是人们的行动指南。培养和践行大学生社会主义核心价值观，既是党的重大决策，也是思政教育的重要内容。它突出了大学生对国家未来发展的重要性和对大学生进行社会主义核心价值观教育的必要性。"勤学、修身、明辨、笃实"的社会主义核心价值观教育要求学生学好知识，提高自身道德修养，树立正确的三观，明辨是非，并在实践中提升自己。普通高等院校大学生必须从现在做起，根据以上要求严格要求自己，并在未来身体力行，积极投入国家和社会建设中。

2.传统文化的继承和发扬

一个国家的文化是这个国家的历史发展以及具体国情的体现，我国的传统文化代表了我国深厚的历史文化底蕴，是我们国家和民族的精神和灵魂。我国文化经历了几千年的历史发展，是中华民族之根，我们要做到一脉相承，并将其不断发扬光大。在普通高等院校教育实践中，思政教育一定不能脱离传统文化的教育，要让大学生在了解中华文化的基础上实现更好地传承。我们在对传统文化的继承和发扬过程中，我们要始终坚持批判性继承和创新的态度，使中华优秀传统文化在当代青年心中扎根，内化为气质，外化为人的处世之道，在新的时代呈现出新的生机、焕发新光芒。

3.爱国主义的培养

爱国主义教育是国家稳定发展、历史向前推进的巨大精神力量，是一种集热爱祖国、报效祖国、忠诚于祖国的思想、意志、情感于一体的社会意识形态的体现。在新的历史时期和时代背景下，爱国主义教育依然很重要。普通高等院校爱国主义教育主要体现在对党史、党情、国史和国情等方面的基本知识的学习，也包括民族团结和国家统一等国家安全方面的教育。新时代背景下，爱国主义教育就是要不断强化大学生的爱国意识，使其内心对祖国有强烈的归属感。爱国主义教育不仅有利于学生自身的发展，培养了其爱国主义情怀，更是关乎国家未来的前途命运，为国家未来能够稳定发展扎实根基。

4.理想信念的树立

理想信念的树立是普通高等院校必不可少的教育内容。党的理想信念就是共产主义，正是因为有着坚定不移的信念，我们党才能够克服一个个问题，取得革命、建设和改革的胜利，我们国家才能够应对一次次的挑战，在排除困难、有效解决问题的过程中，实现国家稳定发展。对于普通高等院校大学生而言，也必须拥有坚定而正确的理想信念，才能在未来把握好国家发展的接力棒，朝着正确的方向不断前进。大学生是国家发展的中坚力量，关系着未来国家的发展，关系着能否实现中国人民宏伟的"中国梦"。

5.世界观的培养

人们对世界的根本看法和观点，反映了人们对人与世界的关系、世界的本质、人的生存价值和地位等一系列基本问题的看法。普通高等院校大学生正处于树立正确世界观的重要时期，必须以科学理论为指导。马克思主义作为党的指导思想，也是党制定政治目标、确定政治方向的基础。我国的普通高等院校始终坚持红色旗帜的引领，因此，思政教育的世界观教育内容是马克思主义科学理论教育。它包括辩证唯物主义、马克思主义认识论和历史唯物主义的哲学原理和方法论指导，以及马克思主义中国化的具体内容。习近平总书记强调：办好我们的高校，必须坚持以马克思主义为指导，全面贯彻党的教育方针。大学生是国家未来稳定发展的重要力量，他们必须接受科学理论教育，提高政治素养，明确政治立场，为国家和社会的未来发展做好准备。

（三）大学生思政教育的作用

1. 帮助学生树立正确的理想信念

通过思政理论课教学，可以使学生完整地、准确地、科学地理解和把握马克思主义的科学理论，避免了学生对马克思主义理论的理解是片面的、肤浅的，同时也可以避免或减少某些学生用个别结论、现象代替或否定马克思主义的价值、立场、真理性等。思政教育教师通过用科学的方法向学生讲授思政理论这一科学的内容，可以引导学生对科学世界观和方法论的掌握，提高其在实践中运用马克思主义的立场、观点进行分析和有效解决实际问题的能力，并在实际运用过程中不断加深对马克思主义理论的理解，从而牢固树立正确的理想信念。比如，在思修课第一章的内容就是要引导学生树立正确的理想信念。

人们借助思政教育教学对其实践过程中出现的种种现象、问题、关系都统一到一个有机体里，对其进行全面的、整体性的分析阐释，从而能更好地认识和把握这一系统。把这一系统作为思维工具对教学进行指导，帮助学生树立正确的理想信念是研究范畴的重要作用，构建范畴体系，完善思维形态是教学理论研究的重要任务。通过思政教育教学指导教学实践活动，对保障大学生树立正确的理想信念有重要意义。

2. 促进了教学任务的高效完成

思政教学其最重要的作用之一，就是保障师生顺利高效地完成思政课的教学任务。它能够使教师更加深刻地掌握这项教学实践活动的本质和规律，能够帮助学生更好地掌握教学内容，能够帮助师生达到预定的教学目标和教学要求，从而取得良好的教学效果。

思政教育是我们认识该课程教学实践活动本质与规律的基础。思政教育教学是经过科学抽象和高度概括后的概念。人们通过对思政教育教学展开研究，树立正确的、科学的范畴体系，能对教学实践活动有更深层次的认识，有助于揭示研究对象的本质和规律，对师生顺利高效地完成教学任务有重要的保障作用。具体体现在以下两个方面。

（1）大学生思政教育是思政理论课教学理论本质和规律的手段与工具，这一教学包含已有的学科教学理论知识。通过思政教育教学的推演、概念的移植等方法，对教学领域的种种关系产生新的认识，归纳总结出思政教育教学过程中的新特性和关系，继而架构出新的范畴，由此产生出新的理论。思政教育教学基本理论框架的发展创新是基于范畴的产生和形成，而思政教育教学的产生和转化会对其教学理论产生新的变化。通过不断地研究和发展创新，对思政教育教学领域内的现象有一个新的认识，包括特性、关系，甚至范畴的基本内容等都会有不同的认识，这就是促进思政教育教学理论体系完善和发展的新时期。

（2）大学生思政教育是思政教育教学实践活动本质和规律的手段与工具。思政教育教学对教学实践活动具有基本的导向作用，它又反过来指导教学实践的发展。思政教育教学对教学的思维方式具有引导更新作用，使教学思维与时俱进。在对思政教育的研究、推演的基础上产生出思政教育教学的具体内容，这实际上就是思维运动的结果，通过对已经存在的范畴进行深一步的探索，产生新的范畴并揭示其概念。通过对教学范畴不断深入研究，它能对教学中的各种现象的认识从感性上升到理论层面，为思政教育教学实践活动指明方向，确保师生顺利高效地完成教学任务。

第二节　高校大学生思想政治教育的特征

一、大学生思想政治教育的环境特征

大学生思想政治教育会受到教育环境、接受客体以及实施主体三方面因素的影响，而且这是一个互动的过程。如果教育环境、接受客体以及实施主体三个要素之间互相协作，就有利于开展大学生思想政治教育；反之，则会削弱大学生思想政治教育的效果。

1. 教育环境的多元化特征

教育环境形成了传统文化、现代文化等多种文化并存的多元格局。随着我国对外开放程度的不断加深，政治、经济、文化三方面的相关体制改革不断推进，逐步形成了思想文化多样、阶层利益多元、文化环境复杂的局面。在该局面的影响下，大学生的思想也日益复杂。

2. 教育环境的国际化特征

由于世界各国教育之间的交流越来越频繁，合作的内容越来越广泛，思想政治教育也在该过程中受到国际发展形势的制约。在国际化的教育大环境下，虽然各国的思想教育内容各不相同，但是其中心都着眼于对本国文化精神方面的认同，以及个人对家庭、社会的责任，从而使得人们的行为举止符合社会基本道德标准，完成从"自然人"到"社会人"的转变。由于社会历史、环境、人文的不同，因此各国思想政治教育实施的方法也不同，形成了各自鲜明的特色。西方国家重视实践养成教育，主要以学校教育为主，辅以家庭教育、社会教育、企业教育等；而我们国家主要强调内在修养，同时倡导政府主导的道德教育，人们的思想教育是客观性和显性并存的，通过兼收并蓄，吸纳优秀的精品文化，并给予传统文化企业大力的支持，从而加强青少年的思想政治教育，由此便形成了独一无二的文化传统和精神品质。

二、大学生思想政治教育的对象特征

在社会转型和改革开放的时代背景下，由于经济、政治、文化环境的迅速变化和科学技术的迅猛发展，大学生作为思想活跃、易接受新鲜事物、充满生机与活力的群体呈现出了与以往不同的特征。

1.人格的独立性

存在是哲学的基本范畴，存在方式通俗理解就是生活方式。人的存在方式在经济性质的转变中发生了巨大的变化，对此，马克思的概括是从人对人的依附性的存在转向以物的依赖性为基础的人的独立性的存在。当社会主义市场经济成为主流时，企业和个人不再是以往的人身依附关系，二者互相独立，由此，个体的平等意识得到发展，经济发展中的主体特性日渐突出，而大学生的思想势必会受到这种发展变化的影响。与以前的大学生相比，如今的大学生主体意识、独立意识、法律意识日渐增强；同时，突破了自我认识的局限，追求前卫，张扬个性。很多大学生利用课余时间做兼职，经济自主化也日渐凸显。

在市场经济条件下，竞争机制的引入激发了人们生产的动力和活力，促进了生产力的解放，带动了政治、经济、文化的繁荣发展；同时，人们的谋生方式也因为就业机制的改变而变得多样，在一定程度上改变了人们对社会和国家的依附关系，增强了民众的自信，提高了民众的自由度，这也从根本上改变了人们的思维方式。

2.需求的层次性

需求是人内心意识的外化，在不同的社会发展阶段，人的需求层次是不同的。理想是人在需求的基础上想要追求的更高一级的目标，在一定程度上被认为是对现有需求的超越，也可以被认为是更高级的需求。从需求的分层来看，理想属于自我实现的层次，在一定程度上人的需求决定着理想的高度。从实现人的全面发展这个角度来说，对大学生进行思想政治教育主要是为了提高大学生的理想高度，从而为其理想的实现提供支持。

当代大学生背负着家庭、学校以及社会的期望。学校阶段不仅是学生生理和心理发展的阶段，还是其"三观"形成的重要时期。大学生受到家庭背景、学习经历、志向兴趣、人际关系以及生活境遇的影响，以至于对国家、社会、学校的感情也会存在差异。正是因为对自身定位的差异，学生会选择不同的方式让自己的需求得到满足，因此，便衍生出不同的思想政治教育成果。高校思想政治教育工作者也应该根据大学生的实际情况开展思想政治教育：一方面，允许差异存在，承认差异存在的合理性；另一方面，因材施教，有针对性地开展思想政治教育。

三、大学生思想政治教育的创新特征

大学生思想政治教育要根据社会需要、学校需要以及广大教育者的需要，进行不同程度的创新，从而适应社会的发展。其中，社会需要可以被细化为家庭发展需要、民族发展需要、群体发展需要、人的全面发展需要等。这些方面存在着一致的部分，也存在着不一致的部分，于是，便引发了一系列的问题。只有解决了这些问题，才能推动思想政治教育的创新和发展。

为了解决思想政治教育无法满足学生需要的问题，我国倡导"以学生为本"的教育原则，从而加快了教育创新。大学生思想政治教育的发展在内容和形式上都有一定的创新，而这种因时而生的应急性的创新，主要以思想政治理论课的建设、有效教育途径的拓展以及党团组织重要作用的发挥为主，从而加大了大学生思想政治教育工作的力度，整顿了工作队伍，取得了一定的成绩。

1. 大学生思想政治教育创新的周期性

创新是能量积蓄到一定程度继而爆发的表现；同时，个体还存在着创造力衰竭的现象。这一现象在个体身上表现得比较充分，但有时群体与组织也会存在。虽然无法将群体创新与个体创新相类比，但是创新的周期性问题不可忽略。从创新的角度来审视改革开放以来我国思想政治教育的发展历程，可以将其分成以下四个阶段。

第一阶段：20世纪70年代末到80年代末。这一阶段大概可分成两个阶段：一是20世纪70年代末到80年代初，这是一个侧重建立新的思想理论基础和活动秩序的阶段；二是20世纪80年代初到80年代末，这是一个富有激情和理论想象力的阶段，在这个阶段里，社会在发展方面的指导思想日趋明确，因此，产生了一系列重大的改革决定。大学生思想政治教育在这样的大环境下有不少理论内容、传播方式和应用体系等方面的创新，如开设思想品德课，深入进行形势与政策教育，组织学生参加社会实践活动，在部分高校设置思想政治教育专业和开办思想政治教育专业第二学位士学位班，加强大学生思想政治工作队伍建设等。

第二阶段：80年代末到90年代初。这一阶段的创新主要表现在应用体系方面，特别是在解析中华优秀传统文化价值、传承优秀文化传统方面有不少成果。这一时期思想政治教育学科建设有了新发展，即在巩固已有建设成果的基础上全面开展专业建设，形成学科群。

第三阶段：20世纪90年代初到21世纪初。这是一个蕴含大量发展机会的新阶段，其中也夹杂着发展不平衡的问题。在这种形势下，高校加快了思想政治教育的进程，深入贯彻落实新思想和中央精神，创新教育途径，开创了诸如网络思想政治教育、校园文化建设、学生生活园区思想政治教育等形式。

另外，高校在应用理论方面也进行了集成创新与引进消化吸收再创新，如在思想政治理论课程教学中坚持理论传导与社会实践紧密结合，提高理论的有效性；同时，注重借鉴其他学科中的有关理论来分析与解决学生思想政治教育中所面临的问题，如借鉴美学方面的接受理论、传播学方面的大众传播理论、心理学方面的学习理论、管理学方面的激励理论、组织行为学方面的群体动力与激励理论等。随着我国学者对中华优秀传统文化内核解读的深入与拓展，大学生思想政治教育的实务与理论研究都不同程度地关注了中华优秀传统文化元素，并且注意从具体品质到文化精神、从思想内涵到思维方式的不断提升与拓展。也就是说，这一阶段在应用体系创新方面是全方位的。

第四阶段：21世纪初至今。这是一个有序却面临着新挑战、新任务的阶段，该阶段大学生思想政治教育呈现日新月异的综合创新的态势，各地高校注重将思想政治教育的基本要求同所面临的实际情况相结合。

2. 大学生思想政治教育创新的延展性

这里的延展性创新是指某种创新具有巨大联动效能，从而带动其他一系列创新活动的发生与发展，这种创新通常居于创新活动链的高端或创新活动系统的中心。这种延展性创新主要体现在理论创新、制度创新、体制创新、技术创新和管理创新等方面。

不可否认，大学生思想政治教育存在着延展性创新，其联动效应正在逐步显现，例如，几十年的思想政治教育学科建设不仅增强了自身的力量，而且对思想政治教育的实务工作也产生了越来越明显的推进作用；同时，实务工作的进展又反过来促进理论研究的深入。在工作理念方面，大学生思想政治教育在坚持"三贴近"（贴近实际、贴近生活、贴近群众）方面不断探索，注意将教育规范与充分满足学生的成才发展需要有机结合起来，并且产生了一些引进消化吸收再创新的理论和教育方式，如这些年来所提出的生活德育论、网络思想政治教育等。

第三节　大学生思想政治教育的地位与功能

一、大学生思想政治教育的地位

（一）科教兴国、人才强国的战略需要

大学生是十分宝贵的人才资源，既是民族的希望，也是祖国的未来。我国今后的发展需要各方面的资源，但最重要的是人才资源。

科教兴国战略要求全面落实科学技术是第一生产力的思想，坚持教育为本，把科技和教育摆在经济社会发展的重要位置，增强国家的科技实力及向现实生产力转化的能力，提高全民族的科技文化素质，把经济建设转移到依靠科技进步和提高劳动者素质的轨道上来，加速实现国家的繁荣强盛。人才强国战略作为国家的一项重大战略，有着丰富而深刻的科学内涵。人才强国战略的核心是"人才兴国"。国家兴盛，人才为本。依靠人才兴邦，走人才强国之路，大力提升国家核心竞争力和综合国力，是人才强国战略的要义。

科教兴国战略和人才强国战略的制定和实施是以邓小平理论和"三个代表"重要思想为指导，从当代世界和中国深刻变化着的实际出发，根据党和国家事业发展的迫切要求而作出的重大决策。改革开放以来，"中国速度"成为世界经济发展的一大奇迹，中国经济的持续发展令世界瞩目。然而，随着改革开放的不断深入，社会对人才的需求急剧增长，人才问题日益突出。党中央、国务院在科学分析和总结 21 世纪以来世界经济、社会、科技发展趋势和经验，充分估计未来科学技术特别是高科技发展对综合国力、社会经济结构、人民生活和现代化进程的巨大影响的基础上，意识到要实现国民经济持续健康发展，必须依靠科技进步和人才培养。

科教兴国战略和人才强国战略对加快社会主义现代化建设，推动中国特色社会主义事业的发展具有极其重要的意义。无论是科教兴国战略还是人才强国战略，都强调人才的

作用，都要求尊重知识、尊重人才。人才不仅影响经济发展的大局，也影响政治发展的大局。人才是科技进步、国家繁荣、经济发展的第一资源。培养同现代化要求相适应的高素质劳动者和专业人才，发挥我国巨大的人力资源优势，关系着社会主义事业的全局。

全面实施科教兴国战略和人才强国战略都强调教育的基础地位，都要求将教育放在首位。科技的进步靠人才，而人才的培养则靠教育。无论是培养高素质人才还是提高整个民族和国家的创新能力，教育都发挥着不可替代的作用。不仅如此，教育也是发展中国家追赶发达国家，实现经济社会跨越式发展的基础性事业。百年大计，教育为本。教育是社会主义物质文明和精神文明建设极为重要的基础工程，对提高全体人民的思想道德素质和科学文化素质，对培养一代又一代社会主义事业接班人，具有重大的战略意义。

实施科教兴国战略和人才强国战略，无论是重视人才还是强调教育，都应使思想政治教育成为题中应有之义。科技的发展需要高素质人才，而成为高素质人才，最根本的就是要有良好的思想政治素质。高等教育作为一项系统工程，既包括科学文化知识教育，也包括思想政治教育。从这个意义上说，加强和改进大学生思想政治教育是实施科教兴国战略和人才强国战略的重要内容。

大学生是中国特色社会主义事业的建设者和接班人，同样也是各种外来力量竞相争取的对象。正因为如此，加强和改进大学生思想政治教育在整个科教兴国战略和人才强国战略中就显得尤为重要。尤其当今世界正处在大发展、大变革、大调整时期，以信息科学、信息技术为主要标志的世界范围内的科技革命正在形成新的高潮，科技进步日新月异，国际经济、科技竞争围绕人才和知识的竞争展开。当今和未来世界的竞争，根本上说还是人才的竞争，我国要跟上世界科技进步的步伐，就要加快科技创新和知识创新，让一大批优秀人才脱颖而出。

（二）社会主义制度的内在要求

中国的革命、建设和改革事业都要求我们必须时刻注意社会主义意识形态的教育。事实上，中国共产党也正是按照这一要求来实践的。在马克思主义中国化的历史进程中，中国共产党一直注意加强思想政治教育，从未放松。毛泽东同志在《论联合政府》一文中深刻指出："掌握思想教育是团结全党进行伟大政治斗争的中心环节。如果这个任务不解决，党的一切政治任务是不能完成的。"习近平总书记在结合当前社会发展实际的基础上，提出要认真践行社会主义核心价值观，加强和改进大学生思想政治教育，为社会主义发展提供动力。

（三）大学生健康成长的内在需要

思想政治教育工作存在的理由从根本上讲是人和社会发展的需要。它是个人健康成长和社会顺利发展必不可少的工具。人性是由生物性、社会性、精神性三个基本属性有机组合而成的。人，首先是生物性的存在，在这方面，人和其他生物有着更多的相似性。生物性的存在需要物质能量的供应，而这主要涉及人与自然的关系，为此，人类要从事物质生产活动，发展科学技术，提高自身的工作效率，尽量从自然中获取更多的物质能量来支撑人类自身的生存和发展。同时，生物性的人也具有一般动物的特性，往往追求自身生理本能需要的最大化。

人和一般动物的根本不同之处在于其精神性的存在。每个人都有理想和信仰，追求自尊和自由，渴望独立。然而，理想的实现，信仰的建立，自尊、独立与自由的获得，取决于众多的条件，这本身也是一个理论创新的过程。符合人类社会发展规律的理论体系是通过艰辛的理论创新而形成的，同时，也必须通过社会化的过程内化为每个社会成员的自觉追求，这些都离不开思想政治教育工作。

大学生自尊心、好胜心强，想要摆脱权威、追求独立，这些都是大学生追求上进、敢于创新的基础。但是，大学生长期在相对封闭的校园中成长，对社会了解较少，缺少生活历练，对人生应该具备的相关知识了解不多、体悟不深，需要更为系统、深入的世界观、人生观教育，以及将人之所以为人的本质要求转化为自己内在的要求。因此，加强思想政治教育是促使大学生成才不可缺少的重要一环。未来社会需要更多全面发展的高素质人才，而公平竞争的意识、团队合作的精神、民主法治的精神、百折不挠的意志等已成为21世纪大学生走向成功的必备素质。高校一定要改变过分重视专业学习而忽视理想教育、政治教育、道德教育、心理教育的现象，为培养合格的社会主义建设者和接班人奠定坚实的基础。

1. 塑造大学生的人格

人格是指具有不同素质基础的人在不尽相同的社会环境中所形成的意识倾向性和比较稳定的个性心理特征的总和，简言之，就是做人的规格。人格包括人的认知能力特征、行为动机特征、情绪反应特征、人际关系协调程度、态度信仰体系、道德价值特征等。人格不仅控制着人的行为方式，而且决定着人的发展方向。思想政治教育工作者通过传授一系列的理论知识，引导大学生开展实践活动，促使大学生达到社会所要求的思想境界。这样，思想政治教育工作者就把外在的社会要求转化为大学生的内在意识，再由大学生的内在意识转化为其外在的行为。为了促成这两个转化，思想政治教育工作者需要不断研究社会要求与人格完善之间的关系，为进一步促进大学生人格的完善提供良好的基础条件。

2. 提高大学生的整体素质

提高大学生整体素质的核心是提高大学生的思想政治素质。思想政治教育工作是社会主义政治文明建设的重要保证，具体表现在以下三方面：一是通过长期、持续的爱国主义、集体主义、社会主义教育可以提高大学生的思想政治素质，为巩固社会主义政治制度、维护社会稳定服务；二是通过思想政治教育可以提高大学生的政治觉悟，培育大学生的民主意识，增强大学生的法治观念和政治责任感，引导大学生提升政治认知，参与政治生活，参与建设社会主义民主政治；三是通过思想政治教育可以建立制度防范机制，创新民主管理机制，健全民主集中制，提高民主管理水平，完善监督制约机制，推进社会主义民主政治的发展。

3. 解决大学生深层次的思想问题

社会的发展、时代的变迁、教育的变革使得一些与我国国情、高校育人目标不相容的思想进入校园，给大学生带来一些不良影响。有的大学生淡忘了国家意识，消解了民族身份认同，逐渐失去了对中华传统文化的认同感；有的大学生对重要的政治理论问题一知半解，对马克思主义理论认识模糊；有的大学生世界观、人生观、价值观存在误区与偏差，对当前的社会问题缺乏全面、系统、深入、客观的理解和认识，对中国特色社会主义道路、共产主义信念缺乏信心，对党和政府缺乏信任，态度消极，对未来感到迷茫。因此，加强思想政治教育已成为解决大学生深层次思想问题的必然要求。

二、大学生思想政治教育的功能

（一）导向功能

导向功能是大学生思想政治教育的根本功能，体现了大学生思想政治教育的目的性和超越性。大学生思想政治教育的导向功能主要表现在理想信念、奋斗目标和行为方式三个层面上。这同时也代表了三个不同层面的教育：一是理想信念教育，主要内容是马克思主义理论体系；二是政治教育，主要内容是党的方针政策；三是道德和法纪教育，主要内容是社会主义道德和法纪。这三个不同层面的教育是一种既相互联系又相互依存的关系，三者共同构成了大学生思想政治教育的主要内容。

互联网具有开放性、渗透性和趋同性的特点，因此，高校在对大学生进行思想政治教育的过程中，应充分把握互联网的这些特点，以保证思想政治教育导向功能的充分发挥。传统的思想政治教育通常采用内塑型的教育模式，在教育过程中主要是将与教育目标相关的知识通过灌输的方式教授给学生，以语言或文字的形式告诉学生应该做什么，不应该做什么。而新时代的思想政治教育则不同，它是以潜移默化的方式对大学生的思想观念进行规范和约束的。

在日常的学习和生活中，大学生对网络上的信息极为关注并根据自身对这些信息的关注程度来决定关注问题的次序。针对这种情况，很多媒体开始有意识地对信息进行议程设置，以此来引导受众对社会和政治信息的思考和关注。互联网本身具有开放性的特征，这种特征会使受众产生趋异性。但是，互联网又具有交互性和渗透性的特征，在人为进行议程设置的情况下，这种趋异性在很大程度上被淡化并逐渐转为趋同性。在新时代下，思想政治教育工作者要充分利用这种趋同性，以确保思想政治教育导向功能的正常发挥。为此，思想政治教育工作者需要强化在网络空间争当文化主导者的意识，以平等对话、研讨、交流的互动形式引导大学生形成正确的世界观、人生观和价值观。

（二）大众传播功能

思想政治教育由于其自身的理论性而显得相对枯燥，会使大学生产生一种"被说教"的感觉。大学生需要一个能更好、更便捷地接收信息的途径。互联网通过丰富的图片、视频、音像等传递信息，对大学生来说，这样的传播媒介吸引力更大、趣味性更强。此外，在互联网中，每个人都可以自由地表达自己的意见，这有助于拓展思想政治教育传播的广度和深度，对推动思想政治教育的传播具有积极的作用。

在思想政治教育的传播方面，互联网是一种重要的工具和载体，以其传播速度快、互动性强和覆盖面广等特点很好地发挥了大众传播功能。当前，我们要在传统的思想政治教育途径和方法上寻找突破，需利用好互联网这一重要的工具和载体，让其成为开展大学生思想政治教育的又一强有力的工具。

（三）开发功能

开发功能指的是通过对大学生进行思想政治教育，在最大限度内调动其潜能和主观能动性。大学生具有主观能动性，可以主动地认识世界和改造世界，这是大学生思想政治教育具有开发功能的根本原因。但是需要注意的是，大学生的主观能动性具有一定的层次和深度，需要通过一定的方法对其进行正确的开发和挖掘，具体包括以下几点。

第一，尊重大学生的兴趣、爱好，充分发挥大学生的感官优势，这是开发大学生潜能的基本要求。信息内容丰富和功能独特是互联网的突出特点。因此，高校在对大学生进行思想政治教育的过程中，可以充分利用互联网这一阵地，开发一些形象、生动的教学软件，以此来激发大学生的学习兴趣，确保大学生在一种积极的氛围中接受教育并挖掘自身的潜能。

第二，利用多种形式和方法充分调动大学生学习的积极性和主动性，促进大学生的智力和能力同时发展，这是开发大学生潜能的重点。在大学生健康成长的过程中，互联网可以充当一种"助推器"，即通过互联网自身所拥有的丰富的、形象的和直观的思想政治教育资源来满足大学生对知识和信息的需求。在这种情况下，思想政治教育工作者可以采用参与式或启发式教学，引导大学生积极主动地学习。

第三，开发大学生潜能的最高层次就是培养大学生的创造精神。互联网的出现为思想政治教育提供了一个培养大学生创造精神的新空间。互联网不仅拓宽了大学生的思维空间，也使大学生的思维方式更加灵活多变。通过互联网，大学生可以学习到更多的知识，了解到更多的信息，不断拓宽自己的视野。新时代下的思想政治教育不仅可以让大学生知道不同思维方式的存在，还可以提高大学生的信息鉴别能力，使大学生亲自感受不同文化和思想的碰撞，以此来提高大学生判断问题、分析问题和解决问题的能力，促进大学生创新思维的发展。

（四）调节功能

大学生思想政治教育的调节功能主要体现在学习调节、生活调节、心理调节上。大学生学习的动力之一是他们对探索未知、寻求真理有着浓厚的兴趣，而互联网能够极大地满足他们对知识的渴求；同时，大学生思想政治教育可以是参与式、启发式的，这比灌输式的教学方式更受大学生喜爱。大学生社会经验较少，而网络社会比较丰富多彩，因此，将新时代下的思想政治教育融入大学生的日常生活中，可以陶冶其情操、调节其精神生活。同时，通过互联网进行的心理咨询具有隐蔽性、保密性、便捷性等特征，能够满足大学生倾诉、发泄等心理需求，可以对大学生的情感、学习、生活和人际关系中的困惑进行有效的疏导，因而，对帮助大学生树立正确的人生态度、培养健全的人格具有积极的作用。

（五）育人功能

与其他教育一样，思想政治教育也发挥着育人功能，育人功能也是思想政治教育的基本功能。大学生思想政治教育的育人功能主要表现在通过教育活动提高大学生的思想政治素质，以此帮助大学生树立正确的世界观、人生观和价值观，完善他们的人格。应当明确的是，马克思主义关于人的全面发展理论是大学生思想政治教育的指导理论。也就是说，高校通过开展思想政治教育，不仅要增加大学生的知识积累，提高其思想政治素质，还要促使其实现全面发展，成为建设祖国的优秀人才。

高校思想政治教育工作者通过互联网向大学生传播思想政治教育信息，能够对大学生的发展产生系统影响；同时，大学生也可以通过互联网对这些信息进行反馈，这对思想政治教育信息的传播具有重要影响，有时甚至会起着决定性作用。通过互联网这一媒介，传播者与受众、教育者与受教育者之间就可以实现主客体间的沟通与交流，有利于及时对思想政治教育中的不足之处进行完善。

此外，不断提高大学生的信息鉴别能力也是大学生思想政治教育育人功能的一个具体体现。网络信息复杂多样，不利于大学生对有用信息的识别，在这种情况下，就需要对大学生进行思想政治教育，以此来提高大学生对信息的辨别能力。也就是说，高校进行的思想政治教育不仅要进行"防御"，还要能够"进攻"。所谓"防御"指的是新时代下的思想政治教育既能够提高大学生对网络信息的辨别能力，又能够使大学生明辨是非，积极抵御不良网络信息对其思想的侵袭；而"进攻"则指的是大学生要充分利用互联网宣传正面的思想言论，批判腐朽思想和落后观念。

第四节　大学生思想政治教育的目标与原则

一、大学生思想政治教育的目标

（一）大学生思想政治教育目标的含义

大学生思想政治教育目标是教育总体目标在人的思想品德教育方面的体现，是预期的大学生思想政治教育效果，也是大学生思想政治教育要完成的基本任务。大学生思想政治教育目标是指通过大学生思想政治教育，使大学生在政治方向、思想品德等方面所要达到的目的。确立大学生思想政治教育目标是大学生思想政治教育的首要问题。它决定着大学生思想政治教育的内容、方法和形式等，对整个大学生思想政治教育过程起着指导、调节、控制的作用。努力实现大学生思想政治教育目标是大学生思想政治教育的出发点和落脚点，因而确立正确的大学生思想政治教育目标，全面、正确地认识和实现大学生思想政治教育目标，既是大学生思想政治教育理论研究的核心问题，也是大学生思想政治教育工作者在组织大学生思想政治教育活动时所要面对的首要问题。

（二）大学生思想政治教育目标的基本特征

1. 统一性和层次性

目标引导、决定和规划着全部教育活动。大学生思想政治教育目标不是单一、孤立的目标，而是大学生思想政治教育本身的复杂性及其系统关系所决定的目标结构，也就是一种系统化了的目标体系，具有统一性特征。这里的统一性是指大学生思想政治教育目标要反映社会的总体需要，符合教育目标的规定。

此外，大学生思想政治教育目标体系还表现出层次性；也就是说，大学生思想政治教育目标具有从国家到院校，再到不同专业、不同年级、不同个人的不同层次，组成一个由大到小、由高到低的层次性网络。大学生思想政治教育目标的层次性是指大学生思想政治教育总体目标下有各级各类具体的目标。例如，从教育内容来看，有政治、思想、品德方面的思想政治教育目标；从教育性质来看，有普通教育的思想政治教育目标和体现各种专业教育要求的大学生思想政治教育目标等。

2. 超前性和现实性

大学生思想政治教育目标具有超前性和现实性，并在很大程度上表现出二者的统一。超前性是指大学生思想政治教育目标规定了思想政治教育对象应达到的标准，是指向未来的。由于确立的标准相对于大学生原有的思想品德水平来说，是预期的结果，因此，具有超前性。现实性是指大学生思想政治教育目标从现实出发，根据大学生思想品德形成和发展的实际水平提出了具体的要求。这些要求不能脱离现实社会的实际道德水平。这些特征决定了大学生思想政治教育工作的方向，使大学生思想政治教育具有先导和超前的功能，从而提高大学生思想政治教育工作的实效性。

3. 社会性和继承性

社会性是指大学生思想政治教育目标是由一定社会的需要所确定的。在阶级社会里，大学生思想政治教育目标具有阶级性，反映一定阶级对大学生思想政治教育的要求。由于社会发展是连续的，不同时期社会的政治、经济、文化等方面，既有各自的特点，也有共性的一面，存在着内在的传承关系，表现在大学生思想政治教育目标的发展中也存在着历史继承关系。大学生思想政治教育目标的继承性是相对的，要经过统治阶级的选择，只有那些适应性较广的大学生思想政治教育目标才能为人们所接受。由此可见，大学生思想政治教育的社会性特征是通过阶级性和继承性而体现的。继承性表现为大学生思想政治教育目标所具有的历史传承关系。

（三）确立大学生思想政治教育目标的依据

1. 符合统治阶级的利益

大学生思想政治教育目标作为上层建筑的有机组成部分，如何确立，归根结底由统治阶级的利益所决定。虽然大学生思想政治教育目标具有一定的历史继承性，但是它要经过统治阶级的选择，必须符合统治阶级的整体利益和政权稳定的需要；否则，是不会得以确立的。

2. 符合大学生思想品德形成和发展的规律

大学生思想政治教育是教育者培养受教育者思想品德的活动。大学生思想政治教育过程实际上是反映社会的政治思想、道德规范转化为个体的思想品德的过程。要达到这个目的，教育者仅仅提出教育要求，进行外在灌输是不够的，必须使大学生积极反应，主动参与，充分体现他们的主观能动性，才可能使他们比较自觉地接受教育，通过自我的内化实现思想政治教育目标。这一过程要遵循大学生思想品德形成和发展的规律，因此必须针对不同年龄阶段学生的不同特点和个体差异确定大学生思想政治教育目标，这样所确立的思想政治教育目标才能为大学生所接受。

3. 符合时代的特点和民族的传统

时代在变化，社会行为准则不可能亘古不变，不同时代必然有不同的道德规范，确立大学生思想政治教育目标必须依据时代的特点。当今世界经济的全球化和信息化，要求各国对外开放，相互依存，促使经济、科技、文化和人才的广泛交流。这样，各国的文化和价值观念也会相互渗透。为了提高本民族的竞争能力，必须培养年轻一代，使其不但具有现代科学技术和文化知识，还要有自尊、自信、平等、民主的意识；同时，对外来文化中的消极因素具有辨别和抵制的能力。因此，在确立大学生思想政治教育目标时，既要反映现代化、信息化的时代特点，又要强调民族传统，发展民族文化和爱国精神。

4.符合社会进步的需要

大学生思想政治教育目标反映社会发展的需要，既要反映社会比较稳定的政治、思想、道德要求，又要反映一定社会的政治经济和科学文化发生重大变革后对人产生的新要求。因为，任何社会的延续和发展除向年轻一代传授生产知识和技能外，还需要给予一定的思想教育，使年轻一代掌握社会的思想道德规范，以协调社会中人与人之间的关系，保证社会秩序的稳定。事实上，大学生思想政治教育活动本身就是由社会发展的需要而产生的。因此，大学生思想政治教育目标必须反映社会进步和发展的需要。

（四）确立大学生思想政治教育目标的原则

1.稳定性与灵活性相结合的原则

既要按照大学生思想政治教育大纲系统地进行教育，完成大学生思想政治教育的基本任务，又要根据时代变化及时调整大学生思想政治教育目标，使大学生思想政治教育具有时代精神。

2.方向性和现实性相结合的原则

既要依据共产主义的远大理想，又要照顾我国社会主义初级阶段的现实情况，具体须做到以下三点：一是坚持大学生思想政治教育工作的社会主义方向；二是经常进行党的路线、方针和政策的教育；三是积极引导广大青年学生脚踏实地，从现在做起，从自身做起。

3.统一要求与区别对待相结合的原则

要对青年学生思想品德的发展提出统一要求，督促其进步；同时，又要根据学生的年龄特征、个性差异和思想实际实施不同的大学生思想政治教育内容。具体要求：一是针对不同学习阶段的学生分别提出统一要求；二是针对青少年学生的思想特点、个性特点因材施教。

二、大学生思想政治教育的原则

思想政治教育原则源于思想政治教育的实践，贯穿思想政治教育全过程。原则不是条条框框的规定，不是教条和命令，而是具有指导意义的要求。新时代的大学生思想政治教育只有在实践中坚持思想政治教育原则，才能不断提高针对性和实效性。

(一) 坚持以马克思主义为理论指导

1. 马克思主义是大学生思想政治教育的重要内容

列宁认为，马克思主义的历史唯物主义是科学思想中的最大成果。过去在历史观和政治观方面占据支配地位的那种混乱和随意性，被一种极其完整严密的科学理论所代替。马克思主义指导思想是大学生思想政治教育的重要内容，是立党、立国之本，为我国社会主义建设指明了方向。它与我国社会的基本情况是相符的，因此是符合我国国情的，是社会主义国家的人们正确认识世界和改造世界的有利思想武器。

2. 马克思主义是先进文化

只有以马克思主义思想为指导，才能对当前社会思想意识中的主要矛盾和次要矛盾有一个正确的认识，并利用马克思主义的世界观和方法论透过错综复杂的社会现象，发现问题并找到原因，同时保持清醒的意识和头脑。用发展的、与时俱进的马克思主义思想武装人民，才能使马克思主义思想武器的作用得到充分发挥，指导人们认识和改造社会现实，也才能使其真正成为人们的行动指南，推动先进文化不断向前发展。

(二) 坚持吸收中华传统文化的精华

中华民族拥有五千多年的悠久历史，传统文化源远流长、博大精深。"天行健，君子以自强不息；地势坤，君子以厚德载物""先天下之忧而忧，后天下之乐而乐""己欲立而立人，己欲达而达人""天时不如地利，地利不如人和"等都是中华传统文化的重要组成部分。这些价值观念对中华儿女有着深远地影响，是中华民族的文化血脉和思想精华，是民族之魂。

中华优秀传统文化为大学生思想政治教育提供了思想和文化基础，二者是内在统一的。中华优秀传统文化经过五千多年历史的积淀，亘古弥新、意蕴深长，其中，既有对理想社会的追求，又有脚踏实地的现实精神，逐渐形成了爱国主义、和谐友善、诚实守信的价值观和道德准则。

在当前进行中国特色社会主义建设的过程中，对优秀传统文化的继承是中华文明自身发展的内在要求，是实现中华民族伟大复兴的客观需要，更是中国在世界塑造大国形象、实施软实力战略的迫切要求。长征精神、延安精神、雷锋精神、抗洪精神、抗震救灾精神、北京奥运精神等都是对优秀传统文化的诠释和升华。

（三）坚持把握价值观的时代要求

大学生思想政治教育要体现当前社会主流价值观的时代要求，充分体现时代特色。这是因为价值观的形成和发展都是以社会实践为基础的，它并不是人们主观意识的产物，而是在特定的社会场域中，在一定的客观实践基础上形成的。这也体现了唯物主义的一般规律，即物质决定意识，意识对物质具有反作用。与时代要求不符的价值观是很难被人们接受和认可的，因为其不具有社会实践基础，就会变得十分空洞，既背离了时代发展趋势，又不能对广大人民群众的精神和思想产生感染作用，也就难以长存。任何价值观要想具有长久的生命力，就必须分析时代的发展趋势，把握价值观的时代要求，具有鲜明的时代性。要把握价值观的时代要求，可从以下三个方面入手：

1. 坚持意识形态的主导性

在当前社会中，意识形态领域呈现出多样化的发展趋势，这在很大程度上是受现实基础影响的，经济全球化、政治多极化的发展，以及全球范围内兴起的科技热潮使互联网发展更加快速，信息的及时性和多渠道性也更加明显。这些都对社会中的主导意识形态产生了极大的挑战和冲击。因此，大学生思想政治教育需要坚持意识形态的主导性，正确发挥意识形态的方向指引作用。

2. 反映社会主义本质要求

在长时间的大学生思想政治教育中，党和政府不断进行尝试，试图走出一条中国特色社会主义道路，但是，在这一过程中，也遇到过很多困难和挫折。通过总结经验教训，得到的结论就是从理论与实践相结合的角度，正确把握社会主义本质的问题。因此，大学生思想政治教育要充分揭示社会主义的本质内容，并通过宣传与教育引导大学生将其作为行为准则。

3. 适应时代发展要求

我们要抓住机遇，不断提高文化"软实力"，以马克思主义中国化的最新成果为指导进行大学生思想政治教育。要设法将大学生思想政治教育与中国特色社会主义建设有机结合起来，适应时代发展要求，用发展的眼光看待问题，创新中国特色社会主义建设途径，站在时代发展的前沿，努力实现中华民族的伟大复兴。

（四）坚持科学性与以人为本兼顾

我国的思想政治教育以马克思主义为指导，代表广大人民群众的利益，符合历史进步的总趋势，因而具有科学性的特点。价值具有阶级性，不同阶级的思想政治教育的价值也是不同的。现代思想政治教育不仅深具科学性，反映了思想政治教育的客观规律，而且具有价值性，能够满足社会全面进步和人全面发展的需求。

以人为本是一个内涵丰富的哲学范畴，其基点就是把"人"作为根本的评价尺度和价值取向，人是出发点，也是立足点，更是归宿点。以人为本要做到以下三点：

一是要以人的方式把握和理解人，确立人的观念、意识和维度，在看待外界事物和问题时，在坚持历史尺度的同时要确立人的尺度。对思想政治教育来说，确立人的尺度就是在认识、理解与自己交往的人时，需要将其作为一个与自己平等的一样具有思想和个性的现实的人。

二是要对人的主体作用和地位进行肯定。人作为社会历史发展的主体，是推动社会发展的根本动力，是历史的真正创造者。

三是要以人为立足点，尊重人、理解人、关心人、发展人。在进行思想政治教育时，只有坚持以人为本，以人为出发点和中心，真正理解人是一切社会关系总和的本质，才能不断提升自身的道德素质。

大学生思想政治教育要遵循科学性与以人为本兼顾的原则，具体应做到以下几点：一是需要保证教育教学内容的科学性，即教材和讲义所呈现的知识结构体系是科学的；二是需要保证教育主客体之间交流的科学性，即表达内容准确无误，阐述规律缜密；三是需要保证教学方法的科学性，即教育主体对教育客体的启发要遵循教育客体的认知规律。教育主体可以通过设置问题情境，把学习的主动权交给教育客体并启发教育客体积极思考。同时，在大学生思想政治教育过程中，教育者要领会和运用以人为本的思想，坚持按照以人为本的原则引领道德素质教育的发展，从而让受教育者形成普遍的主体意识。

（五）坚持理论性与实践性相统一

坚持理论性与实践性相统一应做到以下几点：

一是要反对主观主义的思想方法。与理论性和实践性相统一相反，主观主义是一种唯心主义、形而上学的思想方法。主观主义的思想方法和学风严重割裂了理论与实践之间的关系。因此，在大学生思想政治教育过程中必须坚决反对主观主义。此外，在大学生思想政治教育过程中，也要坚决反对教条主义和经验主义，遵循大学生思想政治教育的一般规律和原则，运用灵活多样的教育方法，联系大学生的思想实际，尊重差异，允许个性发展。

二是大学生思想政治教育一定要联系实际。大学生思想政治教育如果脱离实际，就是空洞的说教，收不到任何效果，甚至还会引起大学生的反感和抵触。因此，在大学生思想政治教育过程中要坚持理论联系实际。所谓实际，既包括大学生思想政治教育整个客观环境，也包括受教育者的思想实际。只有弄清楚思想政治教育对象的思想实际才能找到问题的症结所在，从而有针对性地提出正确的办法和措施。

大学生思想政治教育是理论性与实践性相统一的过程。实践是思想品德形成的重要源泉，也是思想品德得以提升的重要动力，更是衡量大学生思想政治教育成败的标准。理论性与实践性相统一需要寓教育于活动，要教之于不知不觉中，即把大学生思想政治教育内容融于各种实践活动中，把大学生思想政治教育内容与各种实践活动结合得合情合理。除此之外，还要注重实践活动的真实度和深刻度，即大学生思想政治教育要注重质量的提高以及外显行为向内在精神的转。只有这样，才能使大学生思想政治教育的内容与现实生活紧密结合，从而收到良好的教育效果。

（六）坚持自主选择与积极引导相结合

当前来看，在多元化思潮的影响下，当代大学生的价值取向也普遍呈现多元化趋向，大学生的需求更具个性化，大学生的主体性也更为突出。基于这样的现状，大学生思想政治教育应遵循自主选择与积极引导相结合的原则，一方面充分体现大学生作为学习者的主体性地位；另一方面最大限度地发挥教师的主导性教育功能。

具体来说，教师要尊重并认可学生自己的选择，并且通过积极引导帮助学生发现自身价值观、思想等方面的问题，从而让学生自觉选择正确的价值观。由此可以看出，培养大学生分析、批判和质疑的能力显得极为关键。大学生只有具备价值观"好"与"坏"的分析、辨别能力，才能在纷繁复杂的社会环境中不至于迷失自我。在实际的思想政治教育过程中，教师的教育方法应多样化，要以学生直接的感官感受和社会现状为基础，通过团体讨论、网站交流等形式让学生真正参与交流、表达观点，并在多种观点的交流和碰撞中发现各种价值观的利与弊，对当代价值观辩证地认识和思考。

（七）坚持差异性与层次性并举

1978 年 4 月，邓小平同志在全国教育工作会议上的讲话中指出："我们在鼓励帮助每个人勤奋努力的同时，仍然不能不承认各个人在成长过程中所表现出来的才能和品德的差异，并且按照这种差异给以区别对待，尽可能使每个人按不同的条件向社会主义和共产主义的总目标前进。"因此，在大学生思想政治教育中要尊重差异、区别对待，即要坚持差异性原则。

贯彻差异性原则，要求教育者重视受教育者的个别差异，根据不同受教育者的不同需要，为其提供适合的、多元的选择空间和资源支持。在教育过程中，教育者要贯彻因材施教的思想使受教育者学会发现、了解、尊重自我，对自身发展的无限可能充满信心，并适时、适当地给予关注、赞赏和鼓励，以及提醒、点拨和帮助，使他们逐步具备完全的自我教育能力。

思想政治教育坚持层次性原则是由教育对象的差异性决定的。大学生思想政治教育坚持层次性原则，需要结合广泛性和先进性。如果不坚持广泛性，就有脱离受教育者、脱离实际的危害，理论教育也就难以取得成效；如果不坚持先进性，就会存在背离社会主义方向和共产主义方向的危险。

因此，在对大学生进行思想政治教育时，需要遵循差异性和层次性并举的原则，尊重学生差异、理解学生个性，最大限度地提高大学生思想政治教育的实效性。

第二章

新时代高校大学生思想政治教育的发展现状

第一节　新时代高校思想政治的教育价值

一、新时代高校思想政治教育的理念探索

（一）课程教学理念

1. 课程教学理念的内涵

教学理念是关于教学实践的一种认识，表达人们对有关教学活动的一种理想。教学理念有相对稳定的一面，也有动态发展的一面，它是随着时代的需要和人们教学实践的不断深入发展的。对于教师来说，教学理念不仅是一种教学理想和教学态度，更是一种关于教育方法的观念。教师的课程教学理念直接影响教师对课程教学的态度，影响着教师对课程教学内容和教学方式的选择。

2. 高校思想政治教学应具备的理念

高校思想政治课是落实立德树人根本任务的关键课程，该课程教学所具备的教学理念既要顺应新课改的要求，也要符合课程自身的特殊要求。具体来看，高校思想政治课应具备的教学理念有以下几种。

第一，素质教育理念。面向全体学生、促进学生的全面发展、促进学生个性发展，这是素质教育的三大要义。面向全体学生强调每一个学生都能得到发展，不应只注重一部分人和少部分人的发展；促进学生个性发展强调在教育过程中要尊重个性，理解差异，因材施教，在共性的基础上促进学生个性的充分发展。素质教育理念是与应试教育理念完全不

同的一种理念，是在应试教育弊端的基础上提出的，符合社会发展和个人发展需要的教育教学理念。虽然我国现在大力推进素质教育，教学中仍然以考试倾向为主。

第二，"以人为本"的教学理念。"以人为本"的教学理念是将学生看作教学的主体，关注学生已有的学习背景和知识经验。

第三，知识性与教育性相统一的教学理念。知识性是指通过该课程的教学，学生能够学习和掌握该学科的专业基础知识。教育性是指该课程承担着促使学生形成正确"三观"的重要使命。知识性与教育性相统一的教学理念，要求教师在教学过程中不仅要传授知识、讲解理论，同时还要注重学生思想品德的培养，将传授知识、提高觉悟、培养能力结合起来。

第四，开放性教学和教学生活化理念。长期以来，我国的思想政治教育的整个课堂教学带有"旧三中心"色彩，教学地点集中在课堂，教学内容主要以教材中的理论知识讲授为主，这种封闭式、灌输式的教学方式与学生生活实际相脱节，理论性过强，学生学习兴趣不高。高校思想政治教育的教学内容和教学形式不应该仅仅局限于教材和课堂，而是应该树立开放的教学理念。教学内容要紧跟时代发展的步伐；教学空间不仅仅局限于教室中的课堂教学，还应该利用一些校内外的教育实践基地进行教学。

（二）杜威教育思想的影响

杜威提出了"一元论"教育观，他认为教育既是包含获取知识，即增长有益于人类社会进步经验的过程，也是培养品德，即养成有效参与社会生活能力的过程。在"一元论"教育观的基础上，杜威抨击奉行以课堂、教科书和教师为中心的"旧三中心"模式的传统教育。传统教育非常消极地对待学生，它脱离现实需要，脱离学生的经验生活，只是向学生灌输空洞的知识，它不尊重学生的需要和兴趣，甚至将学生在行动时想要表现自己的欲望扼杀于摇篮之中。学校的重心在任何地方，唯独不考虑学生的心理需要与能力。如此一来，传统教育抹杀了学生的个性，将学生置身于不断地、被动地接受知识的状态，最终导致的是对于学生天性的压制和时间、精力的浪费。杜威认为，学生具有天生活动的兴趣，在实际教学中应照顾学生的兴趣，发展学生的个性。他认为，现代教育的全部内容和目的是培养具有个性的人。

此外，"社会中心论"是杜威在"教育即生活""教育即生长""教育即经验改造"的基础上提出的教育思想，用以克服学校与学生生活存在彻底性分离的现实问题。按照杜威的想法，一切教育的根本问题是协调个人和社会关系的问题。

（三）唯物辩证法联系与发展的观点

唯物辩证法理论对于人们该如何正确看待问题等相关思维方式的剖析，给思想政治教育教学的开展带来了重要的启示。对于学生来说，他们的心理认知和对待问题的看法还未完全成熟，在面对矛盾冲突时所做出的判断会偏向主观，或孤立地抓住个别事实，而不是从联系中去掌握事实，这种用孤立的形而上学观点看问题，必然会歪曲事物的本质。思想政治教育教学就是重在让学生学会在矛盾冲突中学会全面地、一分为二地看待问题，以理性的态度面对复杂的社会生活。除了学生要如此，对于运用辩论式教学方式的教师来说也是一样。教师既要从发展的观点看问题，随时把握学生的思想动态，又要利用学生的"最近发展区"激发学生思维。

（四）支架式教学理论

支架式教学理论是布鲁纳提出来的一种基本教学理念和教学策略。其核心观点是在教师的帮助下为学生构建问题解决和意义的概念框架，最后逐渐撤去支架，使学生学会和掌握在学习中的自我调节。其实思想政治教育教学与支架式教学理论有许多不谋而合之处，因此在此依据下可以直接有效地指导教学实施。

首先，支架式教学在搭建"脚手架"的环节是按照建构主义的代表人物维果茨基的"最近发展区"的要求对任务进行分解和建立的。而思想政治教育教学也是如此，在教学的活动设计环节也就是教学活动之前，教师既需要根据课标要求以及教材内容的要求，确定教学目标中学生所需要达到的水平，又要根据实际情况分析学生的目前认知能力水平，目的是在学生的活动中能够消除对于所有要解决的问题和原有能力之间的差异。

其次，支架式教学在创设问题情境环节，要求提供的问题情境能够激发学生的兴趣，引起学生想要急迫解决当前认知冲突的愿望，解决问题的过程成为主要的学习活动。在高校思想政治教育中，教学路径之一其实就是在价值冲突中深化理解，创设冲突情境成为重要的前提和切入点。

其三，支架式教学既强调独立探索，也强调协作学习，预设各种可能会出现的情况，使得学生在受教育过程中减少不必要因素的影响。在高校思想政治教育中，可以开展与加强小组内以及小组之间的沟通与辩论，旨在希望学生在"异质"同伴之间发现思维和认知的差异，在这种碰撞之中，激发思维火花，学生对问题的认识将变得更为深刻。之后，学生对自己的评价和小组对个人的评价则通过提前设计好的评价表进行自评和互评。在评价的内容上，包括自我表达能力、尊重倾听能力、辩证思维能力、执行能力等方面的内容。

（五）价值澄清理论

价值澄清理论兴起于 20 世纪 60 年代美国一场学校道德教育的改革尝试。由于价值澄清理论较多地运用于学校教育当中，且在理论上没有深入地阐述，因此该理论更偏重于教学方法的论述，旨在为教师提供一种指导实践的教学方法，对于高校思想政治课教学有重要的借鉴意义和理论启发。另一方面，由于价值澄清理论其存在的争议性不可避免地有一些弊端，辩论式教学可在此基础上吸取经验，探索行之有效的改进方法运用在辩论式教学中。

第一，价值澄清理论这一套模式反对传统的道德灌输，强调学生的主体地位，在开放的环境中学会价值判断与选择，并熟练地进行自我指导。这对于应对当今复杂多元的社会所带来的挑战是一种值得尝试的方法。辩论式教学的辩论目标具有澄清性，一方面是对相近或容易混淆的知识点进行澄清；另一方面则是面对价值冲突时教会学生如何进行价值判断和价值选择，这一目标与价值澄清理论中想要试图培养出运用已有条件为自己决定价值取向的人有着异曲同工之妙。

第二，价值澄清理论中运用最多以及最为灵活的教学方法就是澄清应答法，也称为谈话法。和苏格拉底的"产婆术"相类似，首先，教师要营造一种民主和睦的氛围，让学生在轻松自在的环境下进行谈话与交流，这是谈话法的重要前提；其次，谈话法注重教师的引导作用，因此教师的提问技巧和问题至关重要。比如，在学生提出自己的观点之后，通过提问让学生对这一观点具体化、清晰化，帮助学生确认自己的观点，以及是否会根据自己的想法付诸行动。辩论式教学是学生在教师的引导下、在民主和谐的氛围中，以深入讨论、对话、辩论、交流再辩的方式，结合辩论过程进行反思，最后正确认识知识、做出正确价值判断和行为选择的过程，很大程度上可以以此谈话法作为依据进行操作。

第三，价值澄清理论中还有一种教学方法称之为书面作业法，也叫作价值表填写法，此方法是将表格以书面形式下发给学生，由学生和教师共同选择有争议性的价值冲突问题，选择自己的立场，并按照价值澄清的评价步骤对问题进行评估，在个人完成表格之后以小组讨论的形式发表自己的想法。

二、新时代高校思想政治教育的价值分析

将高校学生群体塑造成为对中国特色社会主义事业有益的人才是我们党和国家始终坚持的教育追求和新时代高校学生个人成长成才的现实需要。新时代赋予了高校学生新的

历史使命，在新时代高校学生要以新面貌和新作为应对时代要求。思想政治教育是高校学生全面发展的重要法宝，做好思想政治教育，才能促使学生在错综复杂的社会现象中校准前进方向、获取精神动力、提升精神境界、健全完美人格。

（一）提升高校学生精神境界

高校学生毕业之后普遍要投身于新时代中国特色社会主义伟大实践中，做好高校思想政治教育，使其牢固树立共产主义信仰，有利于高校学生在工作岗位上发挥先锋模范带头作用，做实事求是、艰苦奋斗、无私奉献、遵守纪律、脚踏实地、勤奋工作、忠于职守、全心全意为人民服务的模范。这也就要求高校学生要把共产主义信仰作为毕生追求，在改造客观世界的同时不断改造主观世界，做共产主义理想和社会主义共同理想的坚定信仰者和忠实实践者。

高校学生群体是青年人中的先锋力量，需要将青春年华奉献给祖国的建设事业，需要在投身新时代中国特色社会主义伟大实践中拼搏奋斗，如果高校学生在学生阶段通过学习共产主义信仰的理论知识，在个人的成长成才和实现人生价值的道路上塑造起坚定的共产主义信仰，那么就能提升个人的精神境界，就会以坚定的信念投身共产主义事业，就能在毕业后对自己从事的工作产生深刻见解，即便参与最平凡的工作也将会对中国特色社会主义事业建设做出应有的贡献，发出属于青年一代的时代声音。

（二）指明高校学生前进方向

高校思想政治教育可以成为高校学生实现个人理想和个人价值的重要理论指南，也为高校学生实现个人理想和个人价值指明了前进的方向。高校学生要在学习期间强化本领，扣好人生第一粒扣子，摒弃社会不良风气，踏实学、认真学，利用学校思想政治理论课的平台，读原著、悟原理，深刻理解马克思主义基本内涵，真正学懂弄通，学好高校思想政治理论课，为自己人生道路找寻到正确的前进方向。

（三）使高校学生获取精神动力

随着我国社会主要矛盾的转变和社会中功利主义价值观的影响，高校学生的精神动力也面临着一些挑战。除此之外，一些别有用心的国际势力利用中国发展中部分不平衡不公平的现象来无限放大，恶意诋毁中国，传输消极负面思潮，以达到从思想上遏制中国发展的目的，使得部分价值观本就发展不全面的高校学生可能在生活实践中丧失对奋斗的信心。

面对此种现象，高校学生需要从共产主义信仰中汲取精神动力，坚定对共产主义的信心。高校学生信仰共产主义不是宗教式的狂热，而是要把共产主义作为一种科学的理论来信仰，作为一种经过思辨后的选择，是以科学的态度对待科学，以真理的精神追求真理，从中汲取科学意义，获得精神动力；同时，高校学生需要在实践中检验和发展真理，通过一个个可见的、阶段性目标的实现，为最高理想实现接力奋斗。高校学生在坚定共产主义信仰的过程中要把握学习和实践之间的关系，在学思悟践中获取精神动力，最终有效服务于国家和社会。

因此，要加强高校思想政治教育，引导高校学生牢固树立"四个意识"，坚定"四个自信"，做到"两个维护"，用共产主义信仰来武装头脑、汲取精神动力，为实现第二个一百年奋斗目标和实现中华民族伟大复兴的中国梦而不懈奋斗。

（四）健全高校学生的完美人格

人格是人类独有的、由先天获得的遗传素质与后天环境相互作用而形成的、能代表人类灵魂本质及个性特点的性格、气质、品德、品质、信仰、良心以及由此形成的尊严、魅力等。人格是通过成长经历和学习感悟以及个人自觉的统一融合所形成的稳定的为人处世方式和心理态度，受个人价值观的影响，服务于个人理想追求。同时，人格也受年龄和心智的影响。高校学生人格的健全基本是在高校期间完成的。

健全完美的人格，主要表现为：有理想，抱负远大；有道德，品德高尚；有情感，亲和力强；有勇气，勇挑重担；有毅力，百折不挠；有信念，拼搏奋进；等等。共产主义信仰作为科学的信仰体系，具有崇高的精神价值，鼓舞人类进入最高的精神境界，塑造和健全完整的、高尚的人格。高校学生在学习生活中，难免会遇到事与愿违的情况，若学生没有塑造完整的人格，就会面对某些事物陷入精神迷茫，如果高校学生有坚定的共产主义信仰，高校学生的人生就会始终感到有明确的目标，就会热爱生活，在生活本身发现生活的意义，对生活有着无穷无尽的力量。高校学生的人生价值和完美人格的塑造和健全就存在于思想政治教育价值的实现过程中。

第二节　高校思想政治教育现状

一、高校思想政治教育的成效

（一）完善的格局逐步形成

当前，很多高校重点做好学生思想政治教育的顶层设计和一体化建设，已经基本形成"大思想政治"育人格局。在相关部门的领导下，各高校结合本校办学历程和办学实际，瞄准新时代思想政治教育发展不平衡不充分的客观问题，着力破解新时代"大思想政治"格局难题。在校内，很多高校以主渠道和主阵地建设为核心，在党委领导下，基本形成主渠道：校长办公会—教务处——二级学院和思想政治教学部—专职教研人员的教学管理体系；主阵地：校党委—学生工部门—院系党政班子——辅导员日常管理体系。在校外，很多高校在各级政府部门的支持下，建立了范围较广、内容较丰富、形式较多的高校学生社会实践系统，通过高校学生顶岗实习、暑期社会实践、专业实习、支教支农等方式建立一体化整体运行的高校学生校外育人实践载体。通过全社会共同努力，以高校为主体，社会育人为辅，充分运用校内外育人资源，重点提升高校学生思想政治教育的实效性，促成思想政治教育潜在价值向现实价值的转化。

1. 主渠道建设

主渠道建设即思想政治理论课建设，是以高校学生为对象开展政治理论灌输、价值规范引领的主要方式。理论课课堂教学需要宝贵的真实的育人资源。育人资源是十分丰富的，比如，红色文化资源、影视资源、时政资源等。就高校而言，很多高校在融合发展方面取得一定成果，在一定程度上将一些资源融入了课程建设，以融合开发、研究和实践为抓手，实现了部分资源进教材、进课堂、进头脑并产生了育人效果。高校在开展思想政治理论课教学内容和方法多层次多样化建设中，较好地将优质育人资源融入课堂教学实践，在主渠道的建设中采用了多种教学手段，试点建设了多元化可操作的育人平台，同时依靠高校所在区域现存育人资源进行融合开发，将大量的素材、资源引入主渠道建设全过程。

思想政治理论课教学内容多样化需求，要求高校引进各类资源，并协同开发，将其与主渠道建设融合，实现教育内容的多样化，实现教学环节多层次。当下，高校的思想政治理论课课堂教学，通过网络和新媒体技术的介入，将大量的素材引入课堂，取得了一定成效。各高校思想政治理论课大都采用教育部统一编排的教材开展教学，有条件的学校根据自身特色采用校本教材，其主要成果突出表现在教材选取素材时既侧重全国性的资源，又选取了区域内特有或者独有的育人资源。同时，不同层次的高校在教材建设方面水平参差不齐；虽然受占有资源差异化的影响，不同学校在思想政治理论课课程建设过程中，将一些资源融入主渠道建设的效果都较好。

2. 主阵地建设

主阵地建设即高校日常思想政治教育工作，主阵地的主体在广义上包括：专门从事高校学生日常思想政治教育工作的劳动者即思想政治辅导员；院系党组织副书记、团总支负责人、学工队伍等。狭义上的主体专指高校思想政治辅导员，其工作内容包括：政治理论灌输、核心价值观引导、班团建设、入党考察、学风建设、日常事务处理、应对日常危机事件、心理健康教育、职业生涯规划指导、就业与创新创业指导等。其工作具有内容繁杂、范围广泛、理论素养要求高、管理能力突出等特点。

目前，主阵地建设要求辅导员将理论灌输和价值引导贯穿于高校学生日常学习、生活、工作当中，做到与主渠道协同互补，协调推进。思想政治教育在新时代要继续发挥育人的核心作用，必须契合新时代教育工作的时代主题，适应社会环境和育人环境的新变化，有效积极应对面临的深层次挑战和更加繁杂困难的局面。当前，主阵地工作的主要方式是：谈心谈话、主题班会、第二课堂、日常行为管理等，辅助以新媒体运用、信息技术平台和志愿实践活动等。很多高校辅导员在进行主阵地建设时取得了以下成果：

一是主阵地建设引导学生把握中华民族伟大复兴的历史使命。通过辅导员日常思想政治教育帮助学生主动承担起新时代赋予的历史使命，引导学生为实现中华民族伟大复兴的中国梦而努力奋斗，成长为合格的社会主义建设者和接班人。

二是坚持立德树人根本任务。在高等教育变革的新时期，定位中国特色社会主义发展的历史性时刻，高校辅导员坚持立德树人，以培养德才兼具的高素质人才为己任，主渠道与主阵地协同育人效果良好。

当前，主阵地建设建成了一定的实践载体，建设了一定规模和数量的以思想政治辅导员为主体的多种形式的育人平台，其中，军事政治类遗址、抗战遗址资源是主要的实践载体。另一方面，辅导员自身能力素养取得了较大的提升，思维模式、理想信念、政治道德水平、多学科交叉研究等方面发展迅速。政治军事遗址、类抗战遗址的开发也为辅导员综合能力素质提升和学科交叉研究提供机会。

（二）发挥好价值引领作用

价值引领是高校开展青年学生思想政治教育的主要方向。高校非常重视学生的价值引领，以社会主义核心价值观为主导，关注学生思想状况和心理变化，把握青年学生塑造正确价值观、世界观、人生观的"拔节孕穗"期关键节点，发挥思想政治工作者桥梁作用，已经基本形成稳定的思想政治教育价值引领作用。

（三）良好的融合机制得到推进

具体来说，很多高校以体系化的思想政治理论课和系统性的日常育人为主体，紧密结合各层次各方面思想政治育人资源，扎实推进实践育人、创新育人、文化和环境育人，着力打通融合机制的各个节点，依靠特有或独有的社会资源和管理机制，在规定动作不走样、自选动作有特色的前提下，充分发挥各类优势和资源，逐步推进多层次多方位融合机制建设。

二、高校思想政治教育的不足

（一）思想政治教育的效果欠佳

目前，高校对学生进行思想政治教育，在方式上主要依赖于思想政治理论课，但在课堂上进行说教式的讲解往往效果不佳。故而，现阶段高校思想政治课的形式应该多元化、丰富化开展，要跟现实结合起来善用之。思想政治课若继续采取说教式的、干巴巴的授课方式，迟早会使更多的学生产生排斥心理，不愿意或不认真上思想政治课、应付差事的情况只会愈演愈烈，利用思想政治课进行思想政治教育的主阵地也会失守。

（二）思想政治教育缺乏协调性

贯彻协调发展理念，坚持全局协同，形成取长补短意识，才能推进思想政治教育协调发展。目前，高校的思想政治教育协调发展存在诸多问题，内卷现象突出，主要表现如下。

首先，教育内容系统不完善。主阵地与主渠道只是进行单向灌输，虽涉及时政热点，但仍以教材教学为主，可能会脱离学生学习生活实际，缺少实践载体的融合，造成学生无法产生兴趣甚至引发抵触情绪。其次，教育主体之间缺少联动。校内职能管理部门与教学科研单位协同育人意识不强，彼此之间的沟通与协作主要集中在业务工作和专业教学，甚至主阵地与主渠道之间很少进行协作。校外各行业各单位对育人工作缺乏主动性，片面认为育人只是高校职能，造成高校与社会融合不够，整体性效果发挥不理想，教育环境断层。高校学生的成长环境包含家庭、社会、学校，这三个环境彼此联系不够紧密，尤其家庭教育与学校教育普遍存在断层现象。很多家庭认为把学生交给学校，为学生提供物质基础，片面认为家庭育人工作已经完成，与学校缺乏联动和无缝衔接。高校需全面协调各方面资源，尤其注重协调各方，凝聚力量，优化机制，提高能效，急需进行育人平台的共建共享和共同关注。

（三）思想政治教育管理机制不健全

有效成熟的管理机制是进行高校学生思想政治教育的重要手段，建设成熟完善的管理机制可以为学生搭建良好的育人平台。当下，管理机制存在以下问题：育人管理模式以层级管理为主。注重层层负责，忽视道德育人的长效性；过度关注学生行为管理和思想统一，忽略了思想政治教育价值引领和灌输的本质要求；片面要求落实责任，忽视了思想政治教育对学生创造性思维的培养。管理机制不健全导致内在层次不清晰和职责分工不明确，实际工作中只求尽职免责，造成信息交换不通畅，共享不及时，信息发布不透明，最终导致育人功能实效性不高。育人管理机制不健全导致辅导员育人职责定位不清。辅导员作为高校思想政治教育的主要工作者，日常行政性业务工作负担重，学术研究压力大，工作要求过度强调日常管理而忽略学生道德品质和法律意识的培养，造成辅导员无法专注于工作本身，育人效果不理想。

综上所述，机制不健全阻碍高校学生思想政治教育实效性越发明显。受国内国外环境影响，网络媒体负面作用明显，缺乏科学机制的现实越发紧迫，高校亟须革新思想政治教育管理机制。

（四）思想政治教育的共享不足

共建共享是中国特色社会主义事业的本质要求，也是思想政治教育的现实需要，还是新时代高校学生育人工作的时代呼唤。探索高校与社会、政府、家庭协同共建共享育人机制是高校谋划推动和高校学生思想政治教育工作理念革新的主基调。目前，很多高校的思想政治教育育人实践机制研究与深化不能完全匹配新时代思想政治教育理念的革新，共建共享严重不足，主要表现在以下几个方面。

1. 教育资源的共享不足

市场化行为在教育行业需要区别对待，教育行业是不完全竞争行业，如何开展资源共建共享不只是高校的工作，是需要多方协调共进的工作。当前，思想政治教育与教育类资源的融合发展不足。当前的教育资源是十分丰富的，但是很多时候不管是哪一方面在进行思想政治教育工作的时候，都难以切实利用好这些资源，与教育类资源的融合发展不足。

（1）教师人文素质与融合发展要求不匹配。教师作为教学工作的组织实施者，既要从事思想政治理论课的教学，还要综合运用各类资源和载体进行实践教育。因此，思想政治教育与教育类资源的融合发展需要更高人文素养的教师群体，当前高校教师人文素质整体水平较高但仍然与融合发展的要求不匹配。从狭义角度讲，高校教师是思想政治教育的实施者和推动者，也是全方位构建多元化载体的实践者；从广义角度讲，高校教师是全社会思想政治教育的主要参与者，也承担着其他教育者的教育引导作用，更是全社会共建共享多元化育人载体的实践者和推动者；高校教师在研究和推动融合发展的构成中，定位于实施主体，同时又定位于主要参与者研究和建设实践载体。教师人文素养的高低关系到育人的成效，具备高水平的人文素养能够在实施教育活动过程中多维度对受教育者施加影响，达到教育目的；教师是否具备高水平的人文素养关系到全社会共同育人的实践认知水准，具备高水平的人文素养将以温和的方式对思想政治教育加以引导；教师是否具备高水平的人文素养关系到构建多元化思想政治教育载体的发展，具备高水平人文素养的教师在高校参与主导建设全社会共建共享的思想政治教育载体中将发挥主导作用。针对思想政治教育和其他资源的融合，如何科学规划、合力建设、有序运营、实践育人，需要高校教师具备较高水平的人文素养。

（2）融合发展无法满足教育对象需求。在融合发展的过程中，受教育者包含学校师生为主体的思想政治教育对象。高校师生是主要对象，高校学生无疑是最主要的。在融合发展的过程中，不能单纯依赖资源的运用和活动开展而放弃思想政治教育主阵地——思想政治理论课，科学合理的实践方法应是二者有机融合，深度融合，促进思想政治理论课理论学习与实践教育紧密衔接、相得益彰。高校学生是政治教育融合的参与者、受教育者、实践者。

（3）教育教学方法无法支撑融合发展。将各级各类资源充分融入高校思想政治教育，需要形式多样的教育教学方法，方法是将教育内容灌输给高校学生的主要路径。丰富生动的教育内容需要形式多样的教育方法支撑，缺乏高水平的教育艺术，那么各级各类资源就无法发挥其独有的育人价值，社会育人功能也无法呈现出应有的价值。

对于教学资源的开发保护和可持续性运营为高校创新教育方法提供了可行的现实基础。如何挖掘利用好教学资源，如何实现融合发展并将思想政治教育贯穿于其中，如何发挥教学资源的育人功能，是创新发展教育方法的方向之一。教学目标的实现，都需要基于融合发展的创新性教育方法的革新，因此教育方法驱动高校构建多元化载体。

（4）教育环境制约融合发展。教育活动的实施，除了受到教育主体和客体的制约，还受到教育环境的影响。高校思想政治工作的开展，受到基础设施、人文环境、社会风俗、教育基础等多种因素的制约，有利的环境因素对教育活动的开展起到助推作用，不利的环境因素则会阻碍教育活动的开展和教育实施的推进。因此，教育环境的优劣一定程度上将决定融合发展的进程。

高校学生道德品质与法律意识的养成、政治理论素养的提升与其生活、学习、工作的客观环境息息相关，环境的影响是日益增强而又不易觉察的。教育环境不仅指高校内部的软硬件设施，还包括校外大环境。二者的融合发展，有利于充分发挥环境潜移默化的育人作用。实践当中，将教育活动贯穿于资源运用全过程，这有别于传统的思想政治育人，但其共同点在于此类型的教育环境是与思想政治教育行为协同的。开展高校思想政治教育的环境因素驱动多元化育人载体的构建。

（5）融合发展缺少实践载体。除主渠道和主阵地建设外，还要求有其他途径的辅助，现阶段高校实践载体还较为匮乏。作为主阵地主渠道以外最重要的教育补充形式，实践育人是非常重要的，构建多元化实践载体可以弥补主阵地主渠道不具备的育人功能，实践载体将以自身独有的优势发挥着主阵地主渠道以外的育人功能。社会中有着丰富的实践育人载体资源，将其与高校思想政治教育融合，可以有效解决高校实践载体匮乏的现实问题。当前，实践育人载体的需求愈发紧迫，实践活动数量较少、内容多而不精、形式有待丰富，这些都需要实践载体的创新发展。结合教育类资源的现状，以二者的融合发展为基础，将思想政治教育活动的载体构建在资源的运用上，是十分必要的。

2. 教育理念的片面性

伴随着交叉学科的发展和课程思想政治建设的不断深化，思想政治教育理念的革新未能实现多学科多领域的共建共享。不同领域的学科理论研究应该广泛应用于解决思想政治教育实际问题中，这既使非思想政治学科理论具有强大的育人价值，也为思想政治教育学科发展与理论研究提供新思维、新方向、新方法。从整体出发，其他领域的理念革新能够推动思想政治教育育人理念的革新，反之，思想政治教育理念革新也为其他学科拓展研究视角、提升教学效果带来新的方向，因此思想政治教育与其他学科教育理念的革新应该做到共建共享。

3. 思政教育模式略显僵硬化

思想政治教育模式僵硬化主要体现在教育形式单一滞后、教育方法呆板僵化、教育内容单调枯燥。思想政治课教师只是按照课程标准进行备课，依托教材将固定的理论知识以单向灌输的形式传授给学生。教育者与被教育者彼此割裂，学生长期处于被动的学习状态，他们被迫沦为知识的存储器，应付完考试之后对课程很难提起兴趣，更别提学科认同感。课程设计枯燥乏味，教学方法过于简单，教学内容不能满足学生的需要，无论是中学还是高校，这样的问题都有所存在。因为僵硬化的教学模式，教学方法和教学内容都缺乏创新。这样的教育模式，不利于学生人格的完善与个性的发展，且使思想政治教育工作失去了预期的效果。

4. 校地合作实践机制缺少协调

近年来，在"三全育人"理念指导下，结合"大思政"育人背景，校地合作共建共享的模式越发重要，但普遍存在雷声大雨点小的现象。受制于此项工作正还处于推进阶段，许多地方政府在合作共建共享的实质性工作中还不够重视，没有完全落实。党政部门在此项工作的推进过程中，缺少协调机制，导致高校所在属地的党委政府未能完全重视思想政治教育实践机制共建共享的理念和要求。

5. 教育覆盖面不够全面

新的历史时期，我国思想政治教育面临诸多考验，其中一点就是思想政治教育的覆盖面狭窄，主要体现在教育范围局限化与教育阶段单一化。我国思想政治教育的重点教育对象是青少年学生群体，注重学生阶段的思想政治教育，但忽视了对于其他群体、其他年龄阶段的公民的思想政治教育，例如，对于普通人民群众的思想政治教育和对于社会边缘群体的思想政治教育等。思想政治教育的受教育者主要在学校的思想政治课上接受教育，但学生阶段只是人生中的一个很短暂的阶段，而且一个人在九年制义务教育的过程中，他所接受的思想政治教育，对其人生产生的实际影响也有待我们考量。如今，思想政治教育对于非学生群体的覆盖面略显狭窄，拓宽思想政治教育的覆盖面、受益面和对国民整体道德素质的提升是我们接下来需要重点解决的问题。

人民群众是实现中国梦的强大能量，是实现社会主义现代化强国不可缺少的中坚力量与决定性力量。对于人民群众整体的思想道德素质、政治素养的提升至关重要，若人民群众人心向善，网络生态环境良好，则有利于国家与社会的和谐发展；若人民群众中出现不良之风，网络生态环境恶劣，则不利于国家与社会的和谐发展。

6. 以人为本理念没有落实

以学生为本是以人为本理念的重要体现，需继续强化这一理念，思想政治教育共建共享最终受益者不只是高校和学生，最终受益者是社会、政府和家庭。当前育人工作缺少共建共享的平台是需要高度重视的，需要着实解决多方联动共建共享的问题。

（五）教师和学生方面的问题

1. 教师的"教"出现问题

（1）教学积极性不高。教师教学积极性主要是指教师在教学活动中所表现出来的高参与度、工作热情以及工作的信心。通过对高校思想政治教师进行访谈，笔者发现当地的教师成就感低，教学积极性不足，他们对上好该课程缺乏信心，他们觉得自己能管好课堂纪律就已经很不错了。新教师刚开始从事教学工作时，比较有激情，对学生比较负责，但由于种种原因，教师的教学积极性和教学成就感被逐步地削弱了。从学校来看，学校现行的评价制度依然以学生的考试成绩来评定教师的教学效果和教学能力。教学效果评价制度单一，教师在教学过程中干多干少一个样，教学积极性受挫。在和教师的访谈中，笔者能感觉到这些教师的挫败和无奈。

（2）教学服务于考试。受应试教育和其他方面的影响，高校思想政治教师在教学过程中存在着重知识、轻能力和情感目标的现象，教学以服务考试为主。大多数教师在讲授时都以考试的知识点为主，对于考试不考的内容，以及课程教学中所要求的教学活动等相关内容基本上是一笔带过，很少带领学生进行探究和分析。一位教师谈及，她教学内容的多和少与学生的考试成绩相关，她在上课时多讲的一些课程内容，如果学生考得不好，她就让学生赶紧背书。

（3）教学方式方法单一。高校思想政治教育的主要方法仍然是传统的课堂教学和日常的思想教育，采用多媒体授课方式仍然占主流。这种课堂教学的突出表现是"我教你学"的固化模式，以教师为主导，其教学效果依赖于教师主观能动性，忽视了教育对象主体性。其次，缺少载体。教育载体是基础，现阶段载体建设不能与教育教学相适应。当前，受网络新媒体技术的发展影响，很多高校的载体建设的发展方向集中在新媒体技术领域，忽视了实践性载体的创造与发展。此外，对于评估模式缺少革新，在一定程度上忽视了对学生情感认同和价值认同的实践考察，一定程度上弱化了高校思想政治育人评价体系的建设，一定程度上削弱了高校的育人功能。

（4）少数教师素质有待提高。随着时代的发展，社会的进步，学生的身心特点在不断变化，综合素质水平也在不断提升，这对于教师的思想政治素养与专业素养来说，都是一种潜在的挑战。思想政治教育工作能否取得预期的效果，很大程度上取决于教师自身的素质和水平，高校思想政治理论课教师队伍的建设尤为关键。如今，我国大部分教师的素质是良好的，但有一小部分教师的道德素质水平还有待提高，整体教师队伍的师风师德建设仍有待完善。部分学校的部分教师，尤其一些非思想政治理论课教师，还存在思想觉悟不高与思想境界不足的状况，他们未能做到为人师表，道德素质偏低、政治素养不高。这与社会主义核心价值观是相背离的。所以，我国在教师队伍的建设、对于教师道德水平与思想觉悟的提升方面，依然道阻且长。

2. 学生的"学"出现问题

学生学习的效果一般可以通过检测、日常行为、课堂参与等方面的情况来体现。高校思想政治教学需要达到让学生从"知道和了解"到"掌握和会用方法"，再到"情感体验、良好品质的形成、正确价值观的树立"的目标。然而在实际教学中，教学实效性不足，远远没有达到目标的要求，学生的认知和践行不足，情感态度价值观层面的教学目标难以实现。

（1）学生的知识掌握不足。学生以知识目标的完成为重点。然而，学生对课程的认识存在着很大的不足。大部分学生学习思想政治课程都是为了应付考试，并没有认识到该课程对个人成长的意义和作用，并且因为该课程所占分值比较低，学生基本上不重视该课程。

这样一来，学生对课程的基础知识掌握不足。虽然教师在课堂上给学生勾画了重点，整理了复习资料，但是学生并没有真正地理解和掌握知识点，所以就算学生死记硬背，可在考试时学生不知道考题所考查的知识点，试卷检测成绩还是特别差，连"及格线"都很难达到。虽然分数不是进行教学评价的唯一要素，但检测分数在一定程度上也能反映出教师的教学效果和学生的学习效果。

（2）学生课堂参与性不足。一堂完整的课堂教学，不仅要有教师的教，更要有学生的学，学生只有真正地参与到课堂教学的活动中，才能真正地学到知识。通过问卷调查和对教师的访谈结果显示，当前，在高校思想政治理论课的教学中，学生缺乏学习兴趣，课堂参与性不强，在课程教学中学生相对被动，学习的主体地位没有得到相应的发挥，对教师的依赖性比较强。

（3）学生学习方式僵化。在学习方式上，高校学生在学习思想政治理论课程时，习惯被动地接受教师传授知识，不喜欢思考，主要以背诵、默写为主要的学习方式。教师在课堂教学时就会给学生勾画重点知识，在每节课的前 5 分钟，教师会针对上一节课的重点知识进行提问。大多数学生在课后基本不会复习课堂上所讲解的内容。他们认为，思想政治理论课取得好的成绩，只需要将知识点背熟，考试时根据知识点扩充一下答案就可以了，他们一般会选择在考试的前一个星期来背书，多以"临时抱佛脚"的学习方式应付考试。

一些高校学生在学习该课程时，学习态度也不端正，除了不会提前预习、课后及时复习，还经常不做课后作业。

（4）学生理想信念缺失。理想指引着人生的方向，信念决定成败。一个人没有理想信念，就像一艘小船在大海中失去方向一样。理想信念就如同灯塔一样，为大海中航行的船指明前进的方向。对于高校学生而言，只有树立坚定的理想信念，才能承担起时代赋予的重任，才能在人生的道路上不断前行。笔者通过调研发现，一些高校学生不知道自己学习的目的和意义，没有理想，对自我发展目标和未来的生活缺乏规划。一位教师曾经问过学生，问他们的理想是什么？以后想从事什么工作？很多学生的回答是他们也不知道以后想干什么。这里可以看出很多学生对自己的理想和人生缺乏规划，没有改变生活现状的想法，缺乏斗志、安于现状。

（5）学生道德行为失范。学生道德行为失范主要是指学生在学校生活环境中所表现出来的与社会道德要求不相适应的行为和表现。对于高校学生来说，这些失范行为包括盗窃、逃学、打架斗殴、不诚实行为等。学生要养成遵纪守法、诚实守信、谦逊有礼的道德行为习惯。笔者通过问卷调查和访谈了解到，一些高校思想政治理论课教学对学生道德行为并没有起到相应的引导和规范作用。

学生在学校抽烟、喝酒、打架、逃课、抄袭等行为时有发生，不能自觉遵守校规校纪，甚至有一些学生还出现违法行为，学生虽然知道什么是诚信，但在实际生活中，还是出现了一些不诚信的行为，抄袭作业和考试作弊只是其中一方面的反映。此外，许多教师都反映学生"逃学"和"辍学"现象比较多。访谈中，某高校的一位教师说道："当前学生逃课现象严重，很多学生逃课并不是只逃一节课，有的学生甚至连续一个星期或者一个月逃学。前面几天为了迎接教学检查，学校直接给老师下发任务，在检查期间，要保证那些爱逃课的学生在学校，每个年级要成立责任组。"

综上所述，高校学生在道德行为上践行不足，学生的一些行为违反了校规校纪，甚至违反了法律，这些失范行为在一定程度上体现了思想政治教育的实效性不足，学生的道德认知和道德行为没有得到提高和改变。

三、新时代高校大学生的思想方面的问题

（一）高校学生性格特点的特殊性

新时代的高校学生，普遍出生于 2000 年前后，"00 后"更是占据大多数，受独生子女、年龄、教育和叛逆心理等因素的影响，个人心态意识容易与社会发展要求产生偏差。一些学生认为自己应该做自己命运的主宰，对于自我的意识十分强烈，该群体渴望得到关注，并尝试在社会上树立起独立的形象，在处理问题和学习过程中总是追求个性化、独特化，此种心态既有积极影响又有消极影响，若该群体能正确把握自我意识，将对整个群体产生积极的作用，如在武汉抗击疫情过程中涌现的一大批"00 后"先进典型，敢为人先的劲头正是自我意识的积极表现；但若是一种偏执的自我意识就会转变为一种集体意识淡薄的表现，如以不喜欢某个教师或某项课程为由逃课等，就是一种消极的自我意识。学生拥有自我意识是好的方面，但由于其自身发展并不全面，对许多问题的看法并不成熟，若在消极的自我意识的错误坚持下，只能产生一个错误的结果。

（二）学生在信仰方面出现的问题

1. 学生的主观意识强烈

新时代的高校学生正在享受着改革开放带来的发展成果，对于有些问题思考不甚全面，常常没有经过理论验证和科学分析得出结论，证明了青年人看待问题掺杂一定的主观意识，缺乏科学的理论支撑。同时，青年人经历波折和动荡就会对自己产生怀疑，在被问及"是否曾经在遇到困难时怀疑自己的信仰？"这一问题时，只有半数的人表示从不怀疑自己的信仰，可见在对高校学生群体的信仰塑造过程中，克服该群体的主观假想性才能培养知行合一、信念坚定的接班人。

2. 严重偏差的出现

在学生的信仰中，虽然信仰共产主义的人不在少数，但仍有一部分青年人崇尚、拜金主义、个人主义、自由主义等。可以看出如今流传在高校学生群体的信仰是一个多元的、复杂的信仰体系，而严重的是一部分人的信仰已经与社会发展严重偏差。"千里之堤，溃

于蚁穴",高校学生群体中存在这样的极端情况势必会严重损害党的事业顺利推进,特别是在新时代背景下,大学生作为祖国建设的新生力量,担当着实现"中国梦"的历史责任,这一问题更应该及时被党和国家、社会所重视。

3. 模糊性的产生

在被问及入团动机时,部分学生认为加入共青团是受身边人的影响或学校要求学生入团,自身没有形成对共青团清晰的认识而主动入团,在被问及是否可以理解共产主义时,只有少部分人表示能全面地理解,其余人表示理解却无法表述、理解不全面和不理解,由此可证明新时代的高校学生对于自己的信仰问题存在一定的模糊性,模糊性的产生是由于个人成长经历、受教育环境、学习能力等诸多要素共同作用的结果。究其原因正是我国传统教育只注重成绩不看重过程的弊端,学生将学习过程过于功利化,在学习累积中不善于思考,导致具体问题模糊化。在青年人的共产主义信仰萌生和扎根方面,高校教育时期应该是最重要的时期,高校学生的思想存在的模糊盲从性问题应该是被关注的核心问题。

因为高校学生的思想存在主观假想性、形式多样性、模糊盲从性等特点,所以在对其进行思想政治教育的过程中增添了许多难度,故而要寻找出高校学生思想信仰存在不足的原因,提出解决问题的对策,这样才能消除影响,让其牢固树立共产主义信仰。

中国共产党团结带领全国各族人民团结一心,砥砺奋进,顽强拼搏,取得了举世瞩目的成绩,创造了彪炳史册的世界奇迹。科技和人才是社会稳固发展的前提,党和国家历来重视人才队伍的稳定性,对高层次人才进行必要的共产主义的熏陶一直是高等教育的重中之重,高校思想政治教育也一直是对学生进行共产主义信仰塑造的重要渠道,在新时代,习近平总书记对思想政治理论课开展的重要指示和一系列课程改革举措有力巩固了共产主义理论在高校学生群体中的传播。如,近几年来脱贫攻坚中涌现的一大批利用自己学识本领带领贫困群众探索脱贫致富新路径的高校学生扶贫干部、抗击新冠疫情中涌现的舍生忘死的"90后"医护人员,以及在网络平台中维护国家名誉的年轻一代,他们身上所展现的健康、积极、向上的精神面貌和敢于担当的工作作风,无不体现出共产主义信仰在我国教育中的成功性。

第三节　高校大学生思想政治教育发展的趋向

一、新媒体环境下大学生思想政治教育的发展

新媒体不仅仅只是一种工具，而是已经演化为一种环境。新媒体正在通过虚拟空间日益影响和改变着大学生的认知方式、生活方式、思维方式和思想观念，这无疑会给高校大学生思想政治教育带来新的挑战。同时，新媒体所具有的个性化、群体化、同步化、交互化等典型特征，也为进一步加强和改进大学生思想政治教育提供了全新的视角和机遇。

（一）新媒体环境对大学生思想政治教育的影响

伴随着新媒体的迅速发展，社会当中的各个方面所受到的影响越来越深。大学生群体作为新媒体的一代忠实粉丝，其所受到的影响自然无可避免。大学生年龄特点决定了该群体已经形成了基本的道德观和价值观，生活方式也已经摆脱了早期教学体制的束缚，相对来说，生活的自由度更高。人际交往作为大学生生活的重要组成部分，在新媒体环境下有利于通过隐私的保护更好地释放情绪或者展示自我，进而从中寻找到一种成就感，提升对生活的信心。同时，新媒体工具的便利性也为当代大学生的学习开辟了更多的信息渠道。从整体来看，新媒体的影响是多方面的，而就当代大学生思想意识方面来看，该部分作为高校思想政治教育工作的重要构成，如何趋利避害而对大学生的思想意识进行合理化引导，也就成了促进大学生身心健康发展的必由之路。对此，本书认为应当切实立足于新媒体环境当中，从正反两个方面剖析新媒体环境对大学生思想政治教育的影响，以此为大学生思想政治教育载体的构建提供可供参考的理论依据。

1. 新媒体环境对大学生思想政治教育的积极影响

从以上的分析中能够看到新媒体技术为当代大学生生活与学习所带来的诸多便利，大学生的思想政治教育工作也借此拥有了更为丰富的形式以及更多的载体。作为高校思想政治教育的工作者，应当对新媒体进行精准的定位和透彻的分析，从根本上把握住新媒体积极的作用，牢牢抓住新媒体时代所赋予的发展契机，以此推动高校大学生思想政治教育工作的开展。

（1）有利于大学生思想政治教育渠道的拓展。大学生思想政治教育，是一个潜移默化的内化教育。教育的实践并非像学科教育般的理论化教学，而是一种借由信息的交互而实

现的一种影响性教育，通过积极的价值引导，使受教育者被熏陶出正确的价值观及精神状态。而根据新媒体的特点可知，其本身就是一个蕴含着海量信息的平台，若将其中的信息高效提炼，无疑是对传统思想政治教育渠道的有效拓展。传统的思想政治教育内容主要来源于传统媒体，而传统媒体的限制已无须赘述，信息量以及信息传播的时效性和广泛性等均具有明显的局限性，大学生思想政治教育的顺利开展时常因信息的断档而难以为继。而新媒体则能够有效打破传统媒体的限制格局，在思想政治教育工作中精准、快速地嵌入所需信息，并使传统的抽象价值观念教育具体化、生动化，从而有利于提升大学生思想政治教育的质量。

（2）为大学生思想政治教育方式的创新提供了可能性。思想政治教育并非一种无头绪的教育工作，而且思想政治教育工作本身所具有的复杂性决定了科学化教育方式实施具有至关重要的现实意义。因此，思想政治教育应当立足于科学发展观，在基于人们思想意识与行为习惯的基础之上、秉持人类社会进步的发展规律，以切实满足人们的发展需要作为根本目的。传统的高校思想政治教育模式基本以教材为主，方式执行的也是课堂理论灌输式，大学生对思想政治学科的认识也就止步于此，更多地将其视为一门需要死记硬背的枯燥学科。而新媒体环境下则拥有了更多的信息共享渠道，大学生能够利用互联网收集到更多的思想政治相关知识，教师更能够通过对新媒体的有效应用将课堂的氛围激活，学生不必再拘泥于传统的书本理论，可以随时随地地通过移动通信终端接受思想政治教育，并借助新媒体平台和教师随时互动，拥有了更多的机会表达自身的想法和认识。如此，有利于使教师更清晰地明确学生的思想政治水平与价值观导向，从而为教学方向的调整提供依据。

（3）为发挥大学生思想政治教育中主体性提供了条件。大学生的年龄层次决定了该群体拥有独立思维与判断能力，因此其对于行为方式的选择更乐于从主观角度出发。从此方面来看，传统思想政治教育的实施，大学生仅处于被动位置，而这样的情况对于大学生学习效能必然会产生一定的不良影响。新媒体环境下，思想政治教育相关内容也有了更为广阔的扩充范围，在浩瀚的思想政治知识海洋当中，大学生可以从主观兴趣出发，自主择取自身感兴趣的内容，体现出了更高的主体地位，学习氛围也就由此而显得更加轻松。对此，高校思想政治教育工作者应当及时并准确地更新思想政治教育相关信息，为大学生思想政治的学习提供更多的选择；同时，有利于通过新媒体的开放性特点实现信息资源之间的共享，从而有效保证大学生自主学习意识的提升，形成良好的思想政治精神。

（4）有利于提升大学生思想政治教育效果。思想政治教育的核心在于对人们思想意识的教育。作为一种潜移默化的内化教育，加强双方之间的有效沟通实为保证教育效果的必要之举，只有通过有效沟通才能更确切地把握住大学生的思想动态以及情绪情感导向，进而寻找到大学生成长规律的差异性，为思想政治教育工作的针对性实施提供参考依据。传统的思想政治教育实施的手段均以课堂教学为主，所有教学内容的讲解仅仅具有普遍性，却难以保证针对性，学生一堂课下来往往云里雾里，很难满足不同学生的不同需要。而新媒体环境下，则能够借助信息交互平台的优势为学生提供更好的意见表达空间，思想政治教育工作者则能够借此时机掌握学生的思想动态，从而给予具有针对性的解答。经过长时间的积累，思想政治教育工作者能够利用该方式获得更为有效的学生思想问题，从而对教学内容进行有针对性的改革，使情感交流有着更清晰的方向，进而强化大学生思想政治教育的效果。

2. 新媒体环境下大学生思想政治教育工作面临的挑战

有新生事物的产生和发展，均完全遵循着马克思主义原理，即需要一定的历程，无法一蹴而就。新媒体也是如此，作为传统媒体发展而来的产物，它的完善性自然有待加强，且需要经历一定的时间。就当前的情况看来，新媒体的优势显而易见，诸多不利因素的存在也难以避免。因此，新媒体环境对大学生思想政治教育工作带来机遇的同时，其挑战也不容忽视。

（1）对高校思想政治教育意识和教育模式要求有了明显的提高。新媒体环境为高校思想政治教育工作带来了诸多的便利，但不可否认其在很大程度上使高校思想政治教育工作者的地位弱化，传统的权威性主导地位不复存在。鉴于大学生对新媒体的依赖，很多思想政治内容往往更早地被大学生所了解，这对于高校思想政治教育工作者的工作积极性来说无疑是一个不良影响。由此也就致使部分思想政治教育工作者的综合素质下滑。从而导致教育意识难以与时俱进紧随新媒体发展之步伐，更有部分教育工作者不具备应有的技术水平。种种教育意识和能力等障碍均对新媒体环境下大学生思想政治教育工作造成不良影响。另一方面，基于上述教育意识与教育能力的落后，大学生思想政治教育的模式也就依然会停留在传统的教学模式当中。而新媒体环境对当代大学生思想政治教育模式提出了全新的要求，新媒体环境中的海量信息对大学生的意识行为等无疑会产生巨大的影响，因此高校思想政治教育工作者应当从中合理筛选出对大学生具有价值的信息，这对于思想政治教育工作者来说是一个挑战。

（2）新媒体环境的复杂性加剧了对大学生思想观念的冲击。当代大学生作为年轻一代，对于新生事物的接受能力极强，因此成了新媒体的主要受众群体。在新媒体环境中海量信息的作用下，大学生的好奇心和求知欲能够得到有效地满足，因此新媒体为大学生提供了一个信息资源平台。而鉴于新媒体环境下信息资源储备量的巨大，其中信息的复杂程度也就可想而知。除了有价值的高质量信息之外，还存在着各种腐朽的思想观念，拜金主义、奢靡之风甚至反社会等理念也大量充斥其中。大学生正值价值观形成的关键时期，一旦遭受不良思想的影响，则有可能使未来的身心成长偏离正轨。同时，所有事物均具有两面性，网络虽具优势，但对于大学生思维的独创性发展势必产生一定程度的抑制作用。新媒体环境主要依靠互联网与数字技术的支撑，对于推动全球一体化发展所起到的促进作用不容忽视。基于此，西方一些国家往往在国际范围内大肆传播消极与反动信息，我国国内也有一些图谋不轨人士在互联网平台当中广泛散布歪理邪说、蛊惑人心，加之暴力、色情等思想蔓延，对大学生的影响愈演愈烈，高校思想政治教育的环境急转直下。由此也就为当代高校思想政治教育提出了新的挑战，即如何消除新媒体对大学生思想观念的负面冲击。

（3）当代大学生在新媒体环境下的心理失衡与行为异化问题日益严重。新媒体环境促使现代信息技术全面普及，除了其所囊括的海量信息之外，新媒体的娱乐性也成了广大大学生所重点关注的焦点，大学生在新媒体环境中实现了交友、购物、游戏娱乐等，可见新媒体已经成为当代大学生生活中不可分割的一部分。这种基于网络的生活一旦过度，则会严重影响大学生的身心健康。而大学生的身心尚未完全成熟，因此较容易在新媒体环境下导致心理失衡或者行为异化，究其根源，主要来自所谓的"网瘾"。关于网瘾的危害已有诸多研究，本书且不做探讨。而就大学生思想政治教育工作的开展来说，大学生一旦沉迷于网络，则会陷入自我的世界里难以自拔，现实生活中也就极其易出现人际关系淡漠等不良情况，所有的心理压力只能借助于虚拟网络平台而发泄，并且逐渐形成恶性循环，使大学生在此路途渐行渐远。从此角度来看，也为当代大学生思想政治教育工作提出了难度更高的挑战。

（二）新媒体环境下高校思想政治教育创新发展

利用新媒体拓展思想政治教育的有效途径新媒体正以意想不到的速度占领大学生群体，技术的变革应该引起教育模式的变化，大学生思想政治教育必须正确认识这一新趋势，积极研究、利用好新媒体，主动应对当前新媒体背景下思想政治教育所面临的挑战，充分抓住其带来的新机遇，使新媒体为思想政治教育工作服务，深入挖掘新媒体的思想政治教育功能，不断开拓育人的新空间。

1. 主动抢占新媒体阵地

新媒体日益受到大学生的青睐，思想教育工作者应当迅速占领这一贴近教育对象的新阵地，多层次、全方位地展开工作。高校要增强阵地意识，要创新思维方式和教育观念，从经费、环境、体制上提供服务和支持。充分发挥互联网的作用，重构校园网络平台，建立思想政治工作网络系统，建设专门性的思想政治教育主题网站，旗帜鲜明地宣传党的思想，弘扬中华民族的优秀文化和时代主旋律。要利用好大学生喜爱的QQ、微博、抖音等新媒体资源，进行精心策划和布局，逐步构成多维度、多层次的立体思想政治教育信息传播途径。要把虚拟世界与现实主流校园活动结合起来，开展融思想性、知识性、趣味性于一体的网上校园文化活动，调动学生参与的积极性，营造健康和谐、积极向上的新媒体校园文化氛围，在活动中进行隐性教育。

2. 建立一支素质过硬的新媒体思想政治教育队伍

新媒体技术的迅速发展，对高校思政教育工作者提出了新的要求。思想教育工作者要不断提高自身理论水平，具备扎实的理论基础、深厚的人文修养，熟悉教育基本规律。要迅速适应新媒体时代的发展变化，转变教育观念，要对自己重新定位，放下老师的姿态和学生平等交流，与学生积极互动。要能够熟练运用新媒体工具，熟练运用网络语言和网上舆情分析、引导技巧，努力掌握网上交流的主动权和话语权。要能够及时把握学生思想动态，主动出击，利用QQ、微博、抖音等网络媒体形式和大学生进行开放、平等的交流沟通，通过新媒体大规模地、主动地、快速地对大学生进行思想政治教育和舆论引导。要积极借助新媒体平台，开展生动活泼、喜闻乐见的网络思想政治教育活动，形成网上网下思想政治教育的合力。

3. 积极推进辅导员微博等新媒体建设

辅导员是开展大学生思想政治教育的骨干力量，是大学生健康成长成才的领航者、引路人。信息时代，能够驾驭新媒体、引领网络文化也成为辅导员所必须必备的能力。微博的出现更加使交流便利化、即时化，随时随地可以与朋友交流沟通。微博正因其便捷性、沟通的无限性，受到大学生的广泛喜爱。高校辅导员应及时占领微博这一新媒体阵地，建立自己的微博。要在微博上记录自己的教育心得，听取学生的意见和建议，不断反思和改进自己的工作方法。把思想政治教育内容寓于微博之中，引导学生积极参与，和学生就某一话题开展平等对话和互动交流，拉近师生间的距离，使思想政治教育更生动活泼，更具吸引力，更容易被学生接受。

4. 提高大学生的新媒体素养

大学生思想开放、求知欲望强、喜欢接触新事物，但他们人生阅历不足，判断能力不强，而且不可能随时处于思想教育工作者的视野之中，新媒体环境下不良信息很容易使他们的世界观、人生观、价值观发生偏离。因此，高校思想政治教育工作者要努力培养和提升大学生的新媒体素养。高校要把新媒体素养教育纳入思想政治教育内容，开设新媒体教育课程，开展新媒体知识普及教育，引导大学生理智、科学地使用新媒体，提高他们对新媒体信息鉴别能力，使大学生具备理性对待新媒体信息的能力。要培养大学生网络安全意识和责任意识，强化大学生的网络道德意识和法制观念，促使大学生自觉提高自我素养，自觉遵守新媒体行为规范。

5. 有效开展高校网络舆情工作

营造一个良好的网络环境，促进学生更加健康成长成才，是高校思想政治教育工作和高校稳定工作的关键。大学生自身缺乏社会阅历，对是非真伪辨别力差，也极有可能被反动势力和不法分子所蛊惑，因此，加强网络监管和开展高校网络舆情工作非常重要。为了构筑健康的网络新媒体环境，高校应建立健全高校思想政治教育信息监督机制，尽可能运用技术手段构筑起强大的"防火墙"，并对一些有害的信息及时进行"解毒"和"消毒"工作，要及时捕捉新媒体平台上大学生思想政治动态，发现苗头及时予以解惑和引导。在做好网络信息监管的同时，还要构筑常规的由辅导员、学生党员、学生骨干组成的舆情监测系统，形成网上网下有机结合的高校舆情监管反馈体系，构筑和谐的新媒体教育环境，为学生健康成长成才保驾护航。

二、大学生思想政治教育发展的当代趋向

（一）个体价值由工具性向目的性发展

当今，大学生思想政治教育以发展大学生本身为目标指向，在发展集体价值的同时充分发展个体价值，凸显了个体价值的时代地位。个体价值由工具性向目的性发展是当代大学生思想政治教育价值发展的重要方向之一；当代大学生思想政治教育通过引导大学生政治方向、激发大学生精神动力、规范大学生思想行为、塑造大学生健全人格等全面发展其个体价值。

1. 引导大学生政治方向

所谓政治方向，是指政治的价值取向、阶级指向，是政治理想、政治信念、政治立场、政治态度、政治品质等的综合体现。政治方向对个人的政治思想和政治行为发挥精神支柱作用，是个人政治素质的核心组成部分。大学生思想政治教育引导大学生的政治方向是大学生自身成长的客观需要。广大青年学生有爱国心和正义感，满腔热情，对新事物十分敏感，这是你们的长处。但同时也应看到，你们身上也存在缺乏实践锻炼和政治经验的弱点。这就是说，青年大学生政治上不够成熟，在其成长中需要加以方向引导。引导大学生政治方向，理想信念教育是根本。

2. 激发大学生精神动力

大学生是具有意识的、经过思虑或凭激情行动的、追求着某种目的的人，他的行为的一切动力，都一定要通过他的头脑，一定要转化为他的愿望和动机，才能命令他行动起来。这种愿望是由激情或思虑来决定的。而直接决定激情或思虑的杠杆是各式各样的。有的可能是外界的事物，有的可能是精神方面的动机，如功名心、"对真理和正义的热忱"、个人的憎恶，或者甚至是各种纯粹个人怪癖。这就是说，大学生行为受物质或精神的动机与愿望支配，受内在精神动力的驱使。青年时期是人生的特殊发展阶段，处于青年时期的大学生需要欲求异彩纷呈，理性认知活跃敏锐，情感世界丰富多彩，参与行为充满青春活力。大学生有多方面的物质需要，同时也渴望智慧与理性，还富有激情，无论是物质的需要还是智慧、理性或激情的渴望，都是"加工"大学生精神动力的上等"原材料"。坚持物质激励，是因为人们奋斗所争取的一切都和他们的利益有关。如果只讲牺牲精神，不讲物质利益，那就是唯心论。并且，思想一旦离开"利益"的需要，就会使自己出丑。坚持精神激励，在于马克思主义是真理。以马克思主义的真理说服大学生，武装大学生，发动大学生；同时，充分融入关心爱护大学生的真挚情感，为大学生树立榜样与目标，实施激励，教化感化大学生，对催生大学生巨大的精神动力发挥着关键作用。

3. 规范大学生思想行为

大学生思想政治教育对大学生的思想、行为具有规范性：肯定符合大学生思想政治教育方向、目标的思想和行为的正确性；界定偏离大学生思想政治教育方向、目标的思想和行为的不合理性；排除冲击大学生思想政治教育方向、目标的思想和行为的干扰性。大学生思想政治教育之所以具有规范大学生思想行为的价值，在于大学生思想政治教育本身具有方向性、规范性。为了培育人才，实现教育目的，在教育实践中对大学生提出一系列规范性要求，开展理想教育、道德教育、法纪教育等具有规范意义的教育，促进大学生思想与行为健康发展。大学生接受思想政治教育，参与社会实践，进行社会化的过程实际上就是在坚持社会导向的前提下，认识、理解、接受社会规范，掌握社会"游戏规则"的过程，实际上就是大学生思想政治教育实现规范大学生思想行为价值的过程。

4. 塑造大学生健全人格

人格就是指做人的资格，是指人在世界万物中的格位，是人之为人的格式与标准。马克思曾深刻地指出："一特殊的人格的本质不是人的胡子、血液、抽象的肉体的本性，而是人的社会特质。"根据马克思主义的观点，人格是在一定社会实践过程中的人的个人心理和行为特质的总和，它包括政治、道德、心理、情感、智慧等诸多方面，渗透着意识形态、价值观念、文化传统、社会生活等因素的影响。健全人格主要指一个人人格所包含的诸多方面得到全面、充分的发展，构成协调、健康的系统，符合时代发展要求和人的本质发展需要。塑造健全人格关系大学生的全面发展，关系大学生对社会进步的意义与价值。历史与现实都一再表明，大学生要实现人生理想，有所作为，必须全面发展，不能单向度地发展"智体"的工具理性，还必须重视"穗"的价值理性，也就是必须具备健全的人格。健全人格的塑造靠教育，大学生思想政治教育以其"内化—外化"的知行转化机制为机理，通过推动大学生把社会要求的思想政治品德规范内化为信念、外化为行为的反复实践，塑造大学生健全人格，体现出显著的价值性。

（二）集体价值由一元向多元发展

伴随着社会多元化的发展，当代大学生群体的社会组织方式日益多样，大学生群体的成员组成更加复杂，开展集体教育的方式方法更加多元。这就是说，当代大学生思想政治教育所面临的社会环境、集体氛围、个体心理等与过去相比都发生了深刻变化。这些变化客观上要求改变大学生思想政治教育固定在集体中开展的模式，以更加多样的形式开展工作，实现大学生思想政治教育实践的当代发展。立足大学生思想政治教育的实践发展，当代大学生思想政治教育价值改变过去实现集体目标的一元化存在，在实现集体目标之外进一步发展了指导大学生群体心理、调节大学生群体行为、丰富发展大学生群体的青年文化等方面，呈多元化格局。

1. 指导大学生群体心理

所谓大学生群体心理，是指大学生群体成员在群体活动的相互作用中形成的整体心理氛围，它包括大学生群体的需要、情感、情绪、动机、信念等。了解和把握大学生群体心理，是有效开展大学生思想政治教育的前提和基础。大学生思想政治教育之所以具有指导大学生群体公理的价值，关键在于当代大学生思想政治教育实现集体目标的方式方法发生了变化。当代大学生思想政治教育不再局限于灌输、说教等传统方式，而是在教育中遵循以大学生为本的原则，创新教育方法，充分尊重大学生的需要、愿望、兴趣、心理等。当代大学生思想政治教育的实践表明，从一定意义上讲，谁把握了当代大学生群体心理，谁了解当代大学生群体的需要，谁代表了当代大学生群体的利益，谁就能影响当代大学生群体的思想和行为。因此，当代大学生思想政治教育迫切需要运用心理学等有关理论知识，把握和指导大学生群体心理，实现大学生思想政治教育的应有价值。

2.调节大学生群体行为

思想是行为的先导，行为是思想的外在表现；思想是"隐在"的，而行为是"显在"的；有什么样的思想状况，就会有什么样的行为表现。在一个大学生群体中，大学生个体的思想状况往往千差万别，反映到行为上就参差多态。当代大学生思想政治教育培养教育大学生，不仅要培养塑造大学生的正确思想，而且要规范调节他们的行为，实现大学生思想行为状况与社会、集体要求之间的协调一致、良性互动。从普遍的意义上讲，调节大学生群体行为，重点在于把握好统一大学生行为导向、增强行为动力、加强行为规范控制等关键环节。统一行为方向，就是通过教育帮助大学生增强对党和国家的路线、方针、政策的理解与领悟，引导群体成员心往一处想，劲儿往一处使。增强行为动力，就是运用说理、激励等多种手段充分调动群体成员的主观能动性。加强行为规范控制，就是要对正面积极行为进行鼓励，对负面消极行为进行规范，确保协调一致。

3.丰富发展大学生群体的青年文化

"青年文化从本质上讲是主体文化的有个性的附属，是与传统主体文化相连的分支文化，是介于青年与社会，社会与主体文化之间的桥梁。"青年文化由一代代青年人创造、发展，同时也哺育着一代代青年。青年文化是对青年价值观念、思想行为的生动表征。通过青年文化，能架起联系、沟通青年的桥梁。当代大学生思想政治教育在发展中充分重视运用青年文化推动大学生思想政治教育的实践发展，这种实践反过来又进一步丰富和发展青年文化，有利于大学生思想政治教育集体价值的实现。在现实中，很多高校把开展思想政治教育与校园文化建设有机结合起来，以优秀的校园文化、良好的思想政治教育培育青年大学生，提升他们精神境界和素质。实践一再表明，大学生思想政治教育与青年文化之间互动发展。

（三）社会价值由片面向全面发展

改革开放以后，大学生思想政治教育得到健康发展，政治、经济、文化价值得到全面的发挥和提升。

1. 社会政治价值的发展

在新旧历史时期，政治的时代内涵不尽一致。就国际政治而言，冷战时期集中表现为社会主义与资本主义两大阵营之间的矛盾对抗与相互斗争，在和平与发展成为时代主题的新时期集中表现为全球范围内资本主义与社会主义两种制度、不同国家的并存竞争，即在经济、文化等方面既全面交流合作，又矛盾斗争。就国内政治而言，改革开放后，我国政治的集中表现是以经济建设为中心，发展社会生产力，是一种建设的政治、经济的政治。大学生思想政治教育为社会政治服务，实现社会政治价值。这必然要求大学生思想政治教育政治价值实现价值发展。新时期，大学生思想政治教育政治价值主要在于帮助青年大学生正确理解、坚持、贯彻党的基本路线和方针政策，投身以经济建设为中心的现代化事业，为现代化建设作出贡献。实现这样的价值，大学生思想政治教育要坚持"建设的政治、经济的政治"的时代取向，为贯彻党的路线方针政策，建设中国特色社会主义发挥政治保障；要坚持教育大学生，以和平与发展时期的新型政治观引导大学生成长为当代"政治人"；要坚持解放思想、实事求是、与时俱进，紧跟时代发展的步伐，不断提升价值品位。

2. 社会经济价值的发展

所谓大学生思想政治教育的经济价值，就是大学生思想政治教育服务于经济建设，促进经济发展的价值。改革开放前，人们一度在认识上对经济与政治的关系有一定的偏差，未能很好地处理经济建设和政治的关系，大学生思想政治教育的经济价值没有得到很好体现。其实，物质可以变成精神，精神可以变成物质，代表先进阶级的正确思想，一旦被群众掌握，就会变成为改造社会、改造世界的物质力量。大学生思想政治教育向大学生传播的思想理论、道德观念，作为一种精神力量，为大学生参与物质文明建设提供思想保证、精神动力，从而转化为建设社会主义的物质力量。同时，大学生思想政治教育通过引导大学生树立与市场经济发展要求相适应的观念与意识，帮助大学生化解一些关于经济生活的思想矛盾与困惑，创设良好的舆论环境和社会风气等，参与社会经济调节，促进经济发展。总之，大学生思想政治教育通过传播先进理论，倡导高尚道德，为经济发展提供正确的价值导向、良好的社会环境，充分调动青年大学生参与经济活动的积极性、主动性和创造性，从而在促进经济发展中实现经济价值。改革开放以来，随着经济建设的蓬勃发展，大学生思想政治教育服从和服务于社会主义现代化建设需要，其经济价值得到了空前的发展。

3. 社会文化价值的发展

在建设中国特色社会主义的历史进程中，大学生思想政治教育以提高青年的思想道德素质与科学文化素质为目标追求，通过文化选择、文化传播、文化创造体现其文化价值。所谓文化选择，是指大学生思想政治教育以其特有的政治导向、价值识别功能对社会文化进行过滤、筛选，对与社会主导意识形态价值导向相一致的给予肯定、接受，纳入自身的内容体系与教育轨道；对于与社会主流意识形态不相符合的文化内容给予排斥、抗拒，清除其对大学生的侵害。所谓文化传播，是指大学生思想政治教育在把社会所要求的思想观念、道德规范等传播、教育给大学生，以促成大学生形成合乎社会需要的思想品德的过程，本身也就是在传播文化。因为一定的思想观念、道德规范本身就属于一定的政治文化、伦理文化。并且，当代大学生思想政治教育在实践中倾向于与社会文化活动同台共戏，相互渗透，融为一体，从而进一步突出了其文化传播的时代价值。所谓文化创造，是指大学生思想政治教育对于促进社会亚文化、特别是青年文化的发展有重大作用。大学生思想政治教育作用于青年大学生，通过引导他们的思想文化观念，规范他们的行为，创设良好的文化交流，整合价值取向，增进文化认同等，为青年文化及社会文化的新生和发展创造条件。

第三章

新时代高校大学生思想政治教育的培养体系

第一节　理想信念教育

一、新时代大学生理想信念教育概述

（一）新时代理想信念的时代内涵

2013 年 5 月 4 日，习近平总书记同各界优秀青年代表座谈时讲道："广大青年一定要坚定理想信念。理想指引人生方向，信念决定事业成败。没有理想信念，就会导致精神上'缺钙'。中国梦是全国各族人民的共同理想，也是青年一代应该牢固树立的远大理想。中国特色社会主义是我们党带领人民历经千辛万苦找到的实现中国梦的正确道路，也是广大青年应该牢固确立的人生信念。"讲话中提到的远大理想是人类对自由解放、全面发展的追求，指引着中国共产党领导下的中国人民成功获得了民族解放和独立，正确选择了中国特色社会主义发展道路。中国特色社会主义的奋斗目标是将中国建设成为富强、民主、文明、和谐、美丽的社会主义现代化国家，这也是现阶段中国人民的共同理想。因此，新时代的理想信念是共产主义的远大理想和中国特色社会主义的共同理想的完美结合，只有把握好理想信念的时代内涵，才能夯实大学生理想信念教育的内容。

（二）新时代大学生理想信念的特征

1. 新时代大学生理想信念是理想与信念的结合

中国在适应时代发展的需要中逐渐形成了新的理想信念概念。离开信念谈理想，容易把共产主义理想信念当成空想；离开理想谈信念，容易在中国特色社会主义奋斗中迷失

方向。因此，必须将理想与信念相统一，大学生对共产主义的追求，既是对未来社会的一种理想追求，也是遵循和践行共产主义的一种信念。

2.新时代大学生理想信念是社会理想和个人理想的结合

大学生的个人理想会对社会的未来发展产生重要影响，因此在对共产主义理想信念的追求中，应当包含大学生个人理想的实现，只有在实现共产主义理想的奋斗中才能最大限度地实现个人理想。必须要求大学生提高自身政治素养，不断调整个人理想，与社会理想保持高度一致，将对共产主义理想的追求与自己的日常生活融为一体。

3.新时代大学生理想信念是思想与实践的结合

马克思指出："全部社会生活在本质上是实践的。凡是把理论引向神秘主义的神秘东西，都能在人的实践中以及在对这个实践的理解中得到合理的解决。"因此，大学生的理想信念同样不会脱离现实生活而独立产生。大学生的理想信念以社会实践为基础，可以满足自身和社会的各种需要，并没有超越现实生活，也没有游离于现实生活之外。大学生的理想信念是要靠大学生自己努力奋斗来实现的。

二、新时代大学生理想信念教育的意义

（一）应对国际复杂环境的现实需要

西方国家凭借先进的网络技术和强大的话语权，在网络上大肆宣扬资本主义制度、民主自由思想和西方民主制度的优越性，抨击中国特色社会主义制度，强烈冲击着我国社会主义意识形态。这些意识形态的入侵容易误导思想尚不成熟的大学生对社会主义产生怀疑，对社会主义发展感到迷茫，甚至对共产主义理想信念发生动摇。只有不断加强大学生的理想信念教育，牢固树立正确的世界观、人生观、价值观，提高大学生对各种不良思潮和价值观侵蚀的抵御能力，才能使其充分发挥自己的本领，切实肩负起实现中华民族伟大复兴的历史使命。

（二）巩固社会主义制度的有力保障

社会主义一直以来都被西方资本主义国家视为自己发展的巨大威胁。改革开放以来，中国经济和人民生活水平显著提高，社会各方面也呈现出跨越式的发展，使得西方国家越发不甘心，并利用网络和国际舆论对中国进行攻击，对社会主义进行歪曲宣传。同时，西

方国家鼓吹的享乐主义、个人主义等影响到人生观、价值观还未成熟的大学生，致使他们在诱惑面前缺乏自制和抵抗，使其越发注重个人利益，从而抛弃共产主义理想信念。只有加强大学生的理想信念教育，才能及时纠正和抵制影响大学生的错误思潮和不良倾向，始终坚定不移地坚持社会主义道路和共产主义理想。

（三）提升大学生综合素质的内在需求

新时代的大学生身体和智力逐渐趋于成熟，拥有强烈的社会参与感和好奇心，参与到社会实践中以满足对新鲜事物的好奇心是其迫切需要。但同时他们大多生活优渥，遇到的坎坷和困难不多，缺乏社会责任意识、大局意识和集体意识，对人生的深刻思考和体验较少，辨别能力不足。特别是，当今纷繁复杂的社会环境下，西方资本主义表明的"制度优越性"诱惑着大学生，使他们难以树立社会主义的理想信念。所以，理想信念教育是大学生思想和行为的方向标，只有树立起牢固而正确的理想信念才能成长为对社会有用的人。必须全面提高自身的综合能力和素养，新时代大学生才能承担起社会和历史的重任。

三、新时代大学生理想信念教育的现状

（一）理念不断丰富但实操性有待提高

从互联网中直接、快速地获取他们想要的知识已经成为新时代大学生的习惯，为适应大学生的网络认知方式，高校也相继提出体验式教学、人文教育和素质教育等理念，充分调动大学生的参与性。但现实中老师的单向输出还是思想信念教育的主要方式，更多地强调政治性和理论性。大学生失去了参与的主体性，不仅会感到空洞乏味，无法产生对马克思主义的学习兴趣，也无法对马克思主义理想信念产生执着热情，参与教育的积极性不高。这某种程度上使理性信念教育流于形式。

（二）内容不断充实但实效性有待加强

随着时代的不断变迁，大学生理想信念教育的内容也更加丰富全面且处于不断更新中。而书本、视频、音频等教育形式的多样也让教育内容变得立体、形象，更具有吸引力。但当前大学生理想信念教育仍以教育灌输为主，难以做到理论和社会现实相结合，教育内容针对性不强。在面对现实各种影响下，大学生对马克思主义的理想信念出现了一些困惑和怀疑，而在教育中并没有得到科学合理的解答。教育内容大多侧重于社会理想、长

远理想的教育，对个人理想、生活理想则关注不够，未将个人理想和社会理想相结合，缺少实践性，反而让学生认为马克思主义的理想信念过于高远而不切实际，从而造成学生的抵触心理，没有很好地发挥出指引奋斗目标、激发前进动力、提高思想境界的教育效果。

（三）方法不断更新但创新性有待完善

现代信息化技术的发展和多媒体平台的应用使理想信念的教育方法获得更新。但作为大学生的理想信念教育主要渠道的思政理论课，较少建立专门的理想信念教育平台，例如，深受大学生欢迎的微信、微博、视频网站等。少部分建立起来的德育网站也是将线下的德育内容照搬到线上，而忽略了内容的丰富性、趣味性，并没有发挥应有的效果。同时，只有将理想信念教育落实到社会实践中，才能将自身发展与国家、民族的命运相结合，但目前社会实践中与理想信念相关的主题较少，形式较为单一，多停留在社会责任感、奉献精神等层面，而在大学生暑期"三下乡""志愿服务西部计划"等活动中也缺乏理想信念的教育。

四、新时代加强大学生理想信念教育的途径

（一）加强教育队伍建设

思政教师队伍是实施大学生理想信念教育的主体，对提高大学生的思想觉悟，增强社会主义理想信念的吸引力和凝聚力发挥着关键作用。目前，大学生的理想信念教育队伍以思政教师和辅导员为主，马克思主义相关理论的讲解由思政老师负责，学生日常思想困惑和生活难题的解决则由辅导员负责。除此以外，还需要学校宣传部、学工部、组织部、后勤处等管理队伍通力营造积极向上的校园文化氛围，这样才能全方位实现理想信念教育。因为，管理和教育是内在协调统一的，只有各部门高度配合才能做到全员育人，共同打造出大学生理想信念的良好氛围。

同时，正确、坚定的政治素养是教育队伍所必须具备的，必须要不断学习马列主义，保持清醒的政治头脑，在大是大非面前冷静分析，敢于发声；必须要有较高的道德素质，不断提升自身的师德师风修养，以自己高尚的品德塑造广大大学生的人格和品质；必须要具备深广的知识，用积极正面的人生哲理，引导大学生认清形势，逐渐形成自己的认知和价值判断。

（二）探索教育新载体

不断充实和完善的教育内容推动着大学生理想信念的树立与巩固，采取传统教学和网络相结合的方式是网络技术和新媒体快速发展下对大学生理想信念教育进行创新的必然趋势，通过优势互补，在大学生面前呈现出内容、画面、声音等多个方面，让大学生自觉接受理想信念教育。理想信念教育要利用好微博、微信、QQ 等平台，用马克思主义理论牢牢占领传播主阵地，始终坚持正确方向的内容，不断更新变化表现形式，满足大学生的精神需求，以生动有趣的方式和形式加强大学生对马克思主义的认同感，增强大学生理想信念教育的针对性与实效性。

同时，教育者应当改变传统的单向输出教育方法，利用课内外的全面互动整合思想政治理论资源，探索出以学生为主的课内外结合的实践教学模式。教师在课堂上讲解理论知识，大学生在课下结合自己对课本理论知识的认识，通过微课堂、云研讨等方式，将课堂的理论认识延展到课外。教师还可以通过微信、微博、短视频等为媒介的 MOOC 模式，用大学生喜闻乐见的形式传递思想政治理论。

（三）拓宽社会实践

树立大学生理想信念的基础和前提是理想信念的理论教育，但它的巩固和实现还有赖于大学生自身的实践体验。理想信念教育的最终目标是将理论转化为实践，是将理想信念转化为人们的实际行动，所以需要让大学生积极参与各种社会实践。可以到农村、社区街道和大小企业进行社会考察和社情调查等，从而感受到中国共产党的强大凝聚力和向心力，紧跟党的步伐，牢固树立中国特色社会主义的共同理想；可以实地参观红色教育基地进行爱国主义教育，让英雄和伟人成为大学生的学习榜样，牢固树立起共产主义的远大理想信念；也应该投身于社会主义现代化建设，在社会中成长，在社会中奉献自己，在社会中实现自身的价值，从而扩展人生的宽度、丰富人生阅历。

第二节　社会主义核心价值观教育

一、新时代大学生社会主义核心价值观教育概述

（一）新时代大学生社会主义核心价值观教育的内涵

中共中央办公厅印发的《关于培养和践行社会主义核心价值观的意见》指出："富强、民主、文明、和谐是国家层面的价值目标，自由、平等、公正、法治是社会层面的价值取向，爱国、敬业、诚信、友善是公民个人层面的价值准则，是社会主义核心价值观的基本内容。"西方文化随着经济全球化的发展而广泛传播，对我国人民尤其青少年的价值观造成了很大的影响，而思维活跃、易于接受新鲜事物的大学生更是深受其影响，他们的思想、行为、心理都发生了变化。因此，新的时代内涵应当在教育中完全融入国家、社会和个人三个层面的价值追求，以坚定信仰为核心，忠于理想为目标，爱国创新为主题，知荣明耻为体现。将大学生的思想和人生发展引导到正确的道路和方向上，让大学生能够肩负起历史赋予的时代重任。

（二）新时代大学生社会主义核心价值观教育的特征

1. 新时代大学生社会主义核心价值观具有系统性

社会主义核心价值观教育是一个潜移默化、持续发展的系统学习过程，通过整合中国特色社会主义的基本理论、思想观念和价值取向，以大学生思想和行动为切入点，坚定理想信念，坚持用习近平新时代中国特色社会主义思想武装头脑；指导大学生准确把握理论内涵、精神实质和实践要求，把实现个人理想融入国家富强、民族振兴、人民幸福的伟大梦想之中。

2. 新时代大学生社会主义核心价值观具有时代性

社会主义核心价值观是中国共产党在新时期结合新的理论现实所提出的，具有鲜明的时代性特征。随着时代的发展，它的理论内容和思想形式也不断充实与完善；且在多元价值环境中具有强烈的包容性，包容、平等、尊重地对待各种价值观的存在。因此，根据当今时代多元化发展的实际情况，新时代大学生的社会主义核心价值观念教育也要相应发生

变化。顺应时代发展和大学生自身发展的需求，坚持以人为本，贴近大学生，让大学生掌握先进正确的理论知识来武装思想道德品质，从而更好地推进社会主义现代化建设。

3. 新时代大学生社会主义核心价值观具有科学性

受社会文化日益多元、大学生价值观趋于多样的影响，新时代大学生的社会主义核心价值观教育，应当根据大学生价值取向趋于多元的特点，用大学生喜欢的新媒体方式，引导大学生正确认识价值取向一元和多元的辩证关系；根据大学生价值追求日趋功利的特点，通过理想信念教育，引导大学生正确处理物质追求与精神提升的关系；根据大学生价值选择较为矛盾的特点，教育内容要与社会生活紧密结合，同时对一些错误观点和言论，要旗帜鲜明地进行辨析和批驳，提高大学生是非分辨的能力。

二、新时代大学生社会主义核心价值观教育的意义

（一）推动社会主义建设的精神动力

目前，我国的经济发展进入到关键期，经济转型迫在眉睫，这时涌现出很多社会问题和经济问题，严重影响了到社会的和谐稳定发展。因此，加强新时代大学生社会主义核心价值观教育，就是要使大学生正确认识到现阶段社会的价值目标、价值取向和道德准则，并转化为自身的价值追求和实践，提高大学生的凝聚力和精气神，为国家富强和中国特色社会主义现代化建设提供强大的精神动力。

（二）实现中国梦的必然选择

习近平总书记提出的"中国梦"是几代中国人的共同心愿，是全国各族人民的利益要求和共同期盼。作为国家希望、民族未来的大学生只有将个人梦想融入"中国梦"，才能实现自我价值和追求，所以"中国梦"也是新时代大学生的成才之梦。对大学生进行社会主义核心价值观教育，激励大学生承担起建设祖国、发展经济的使命，充分发挥出大学生的力量，积极为社会做出更大贡献。

（三）大学生成长成才的内在需求

新时代大学生的社会主义核心价值观教育，就是要引导大学生树立"富强、民主、文明、和谐"的价值观，形成新时代大学生应有的时代使命；引导大学生达成"自由、平等、

公正、法治"的社会价值共识，促进大学生引领社会和谐发展；促使大学生践行"爱国、敬业、诚信、友善"的价值追求，培养新时代大学生良好的精神风尚。大学生应当树立正确的人生观、价值观和社会观，为实现中国特色社会主义现代化建设和中华民族伟大复兴而努力奋斗。

三、新时代大学生社会主义核心价值观教育的现状

（一）内容脱离实际

社会主义核心价值观是对社会主义核心价值体系的精炼总结，是国家顶层意识的体现，但大学生对其内容的理解仅局限于字面含义，并不了解其深层内涵及在现实生活中与国家、社会、个人的联系。在当前我国实际教学过程中，在教育内容上多是空泛的理论讲述，缺乏了价值认知和情感交流方面的相关疏导，导致大学生理论知识并未能真正内化于心。因此，在新时代大学生社会主义核心价值观教育过程中，应当将思想教育和价值引导融入大学生的生活实际，才可能对大学生思想、行为产生影响。

（二）授课形式单一

高校社会主义核心价值观教育通常采用传统的课堂讲授和考试，大学生多为被动倾听与接收。而新时代大学生是新时代的原住民，QQ、微信等互联网交流平台是他们接受信息的主要方式，他们思维活跃，主体意识强，乐于自我表达和自主学习，所以高校传统的授课形式的理论灌输和枯燥乏味的知识点识记难以激发大学生的学习兴趣与热情，甚至会引起大学生的抵触情绪，严重影响了思政教育的实效性。

（三）忽视情感体验

习近平总书记指出"核心价值观，其实就是一种德"。德育是社会主义核心价值观教育的根本，是在理论认知的基础上促使情感与理性的认同，建构大学生的价值观，引导其正确地评价世界、做出判断、规范言行。概括而言，就是一个知情意行相互作用和发展的过程。认知、情感的心理是个人价值观形成的发端和基础，而传统课堂教学重视知识识记、忽视情感体验，在被动接受教育中知与情严重脱节，导致大学生很难形成深刻的价值认同。

四、加强新时代大学生社会主义核心价值观教育的途径

(一) 丰富核心价值观教育的内容

国内外多元文化的融合与交锋在网络的飞速发展下越来越频繁，而不断涌现的反马克思主义错误观点干扰了中国主流文化和意识形态的发展，容易使大学生对马克思主义产生误解。因此，要以马列主义、毛泽东思想、邓小平理论、"三个代表"重要思想、科学发展观和习近平新时代中国特色社会主义思想为指导，使大学生正确了解和解读历史，激发大学生的民族复兴热情；坚持用马克思理论分析和解决现实问题，用马列主义武装思想，用习近平新时代特色社会主义思想指导学习和生活，大学生才能看清本质、自觉抵制不良诱惑。

(二) 强化高校文化建设

将社会主义核心价值观教育与大学生思政教育充分融合的前提是对校园文化建设的不断强化，高校要对自身的学风和校风进行积极的建设，倡导文明和谐的校风，使大学生能够将友善、诚信作为行为准则；还需要对各种基础设施建设进行完善，为大学生的生活和学习营造良好环境，为大学生打造和谐校园，从而为实现社会主义核心价值观教育奠定良好的软硬件基础。此外，互联网及智能技术的广泛应用，对大学生的生活和学习产生了深远影响，同时也对他们的价值判断以及思想观念造成了深远地影响，因此，高校还应该净化校园舆论环境，充分运用各种校内信息传播载体，为大学生社会主义核心价值观教育创造一个理想的舆论环境。

(三) 丰富社会实践活动

"实践是检验真理的唯一标准"，因此将社会主义核心价值观有效地融入高校的思政教育，就离不开大量课外实践活动的开展。目前，大学生的社会实践以社会调研、实地参观、志愿服务为主，缺少了与大学生专业对口的实践机会，从而导致了实践活动流于形式。通过丰富的社会实践活动内容和形式，积极引导学生深入解读和践行社会主义核心价值观，大力宣讲核心价值观的内容，从而让大学生在实践中多角度去观察世界，了解社会民情，学习党和国家方针政策，提高大学生为国家社会发展贡献自身力量的积极性。

第三节 爱国主义教育

一、新时代大学生爱国主义教育概述

(一) 新时代大学生爱国主义教育的内涵

在不同的历史时期和社会发展阶段,爱国主义展示出不同的时代特征与具体内容。只有紧握时代脉搏、展现时代特色,爱国主义才会鲜活而富有生命力。习近平总书记指出:"实现中华民族伟大复兴的中国梦,是当代中国爱国主义的鲜明主题。"即在中国共产党领导下走中国特色社会主义道路,实现中华民族伟大复兴,就是爱国主义教育最深刻的时代内涵和最本质的时代要求。

(二) 新时代大学生爱国主义教育的特征

1. 新时代大学生爱国主义教育具有鲜明的政治性

习近平总书记强调:"实现中华民族伟大复兴的中国梦,是当代中国爱国主义的鲜明主题。要大力弘扬伟大爱国主义精神,大力弘扬以改革创新为核心的时代精神,为实现中华民族伟大复兴的中国梦提供共同精神支柱和强大精神动力。"所以,大学生爱国主义教育也体现出鲜明的政治导向性。具体而言,爱国主义、爱党、爱社会主义对于当代大学生是统一的。加强大学生的爱国主义教育,就是要向大学生阐明中国特色社会主义的优越性,使其深刻认识到在中国共产党领导下走向社会主义道路是历史的正确选择、人民的正确选择。

2. 新时代大学生爱国主义教育具有明确的指向性

新时代大学生爱国主义教育以培养大学生具体的爱国行为为主,具有明确的行为指向性。第一,个人利益服从国家利益。始终把国家利益放在第一位是对每位大学生的必然要求。第二,报效祖国,服务人民。要求大学生努力学习,积极实践,自觉承担起建设祖国、振兴中华的历史重任。第三,维护民族团结,促进国家统一。就是要求大学生把爱国主义精神具体化,旗帜鲜明地对分裂国家、破坏民族团结的言行进行驳斥,将民族自尊心、自信心、自豪感具体化为捍卫国家主权、维护国家安全的行为和稳定的人格。

3. 新时代大学生爱国主义教育具有强大的动力性

习近平总书记指出："要大力弘扬伟大爱国主义精神，大力弘扬以改革创新为核心的时代精神，为实现中华民族伟大复兴的中国梦提供共同精神支柱和强大精神动力。"在实现中华民族伟大复兴的奋斗过程中，我们必将遇到各种困难险阻，因此大学生一定要弘扬爱国主义民族精神，充分调动和激发积极性，将国家富强、民族振兴、人民幸福作为自己的不懈追求。

二、新时代大学生爱国主义教育的重要意义

（一）适应国内外形势发展的现实需要

在经济全球化、科技飞速进步、世界利益分配正发生新变化的时代背景下，以美国为首的西方发达国家，在经济上通过霸权和强权限制中国发展，在意识形态领域攻击社会主义制度，鼓吹西方自由主义、价值观念等，同时还利用处于社会主义初级阶段发展过程中我国所暴露的消极因素和暂时性困难，诋毁中国共产党形象、挑拨民族关系，制造一系列国际争端，千方百计地阻挠我国经济社会发展。对于先进文化塑造者和先进思想代表者的大学生，面对如此错综复杂的国内外形势，必须用爱国主义精神来激发大学生努力学习科学文化知识，攻坚克难，积极参与现代化建设的热忱，自觉维护国家统一、社会稳定和谐发展的爱国主义意识。

（二）建设中国特色社会主义的人才需要

面对严峻的挑战和潜在的威胁，唯一的出路就是尽快把我国建设成为富强、民族、文明、和谐、美丽的社会主义现代化强国，大学生是潜在的人才资源。加强对大学生的爱国主义教育，不仅可以有效抵御西方意识形态的侵蚀，捍卫中华民族文化主权、维护祖国利益的精神防线，还可以增强大学生的民族自豪感，激发其爱国之志，为中国特色社会主义建设事业奋斗终生。

（三）满足大学生成长成才的内在需求

大学生的成长成才与国家和民族的命运紧密相连，只有当个人追求与社会和人民的需要相统一的时候才会实现自己的人生价值。当今社会，国内外多元文化影响着大学生的

价值观形成，我们必须依靠爱国主义教育为其成长提供正确的价值观，树立牢固的报国之志，使其深刻认识到自身发展的使命感和责任感，努力使自己成才，把自身成长与祖国繁荣富强相结合，争取早日实现社会主义现代化。

三、新时代大学生爱国主义教育的现状

（一）情感强烈但缺乏理性克制

大学生通过对中国共产党的历史、国家的发展战略方针、社会总体情况的学习形成了强烈的爱国情感。他们胸怀壮志，渴望为国家和民族贡献力量，对损害国家利益、威胁国家安全的行为深恶痛绝。但由于大学生群体涉世未深，"三观"正在建立和完善阶段，容易受到西方、社会及网络上的一些错误观点和思想的影响，对一些表意不明的言论存在疑惑和摇摆，对庞杂的信息不能正确辨别，加之青年人冲动易怒的特点，容易缺乏理性分析。

（二）思想明确但缺乏自信表达

大学生通过深入学习和领悟习近平新时代中国特色社会主义思想，树立了强烈的道路自信、理论自信、制度自信和文化自信。中国随着改革开放的不断发展，经济实力和国际地位不断提升，在国际事务中也发挥着不可或缺的重要作用。但很多大学生仍觉得我国的发展与西方发达国家存在很大差距，尽管中国在国际事务上取得了骄人的成就，有些大学生也不敢自信表达，甚至有可能对当下的发展状况和国家的未来发展持消极态度。

（三）情怀深厚但缺乏实践动力

新时代的大学生综合素质较强，理论知识丰富，通过对我国悠久而灿烂的历史、中国共产党波澜壮阔的发展史不断学习，积淀了深厚的爱国情怀，对爱国主义更加认同。但部分大学生不能够将爱国热情内化于心、外化于行，对于爱国主义教育的实践动力不足，大多是参加一些浮于表面的党团活动。

四、新时代加强大学生爱国主义教育的途径

当前高校爱国主义教育的途径以思政课堂和党团日活动为主，这两种传统的教育途径随着外部教育环境的改变暴露出了不同程度的局限性。从社会发展变化的客观实际出发，通过理论内容、实践载体以及教育氛围等维度拓展大学生爱国主义教育途径，是新时代背景下加强大学生爱国主义教育的必然选择。

（一）不断更新理论内容

高校思政课程是对大学生进行爱国主义教育的主要阵地。在传统的教育模式下，思政教育贯穿整个学习生涯，大学生对枯燥的理论失去了兴趣。新时代的大学生爱国主义教育，应当对课程内容和设计有所变革，在立足于中华民族历史和文化的同时面向世界，将中国特色社会主义理论融入世情、国情、党情中，结合社会热点及重大突发事件，充分了解全球化竞争形势，激发大学生的民族认同感。面对复杂的国际政治形势，思政理论课更应当结合国内外最新形势和大学生思想动态变化，使大学生在深入理解我国国情的基础上，放眼世界，关注世界局势和走向，认识我国当前面临的机遇与挑战。大学生需要有大局观和整体观，在复杂的世界环境和局势中有自己独立的思考和见解，明辨是非，有正确的荣辱观，理性爱国。

（二）不断创新教育方法

目前我国的思想政治理论课内容偏理论，老师很难将学理语言转化为通俗易懂的教学语言，且受到新媒体飞速发展的影响，传统课堂教学更是缺乏吸引力，教学效果欠佳，所以大学生对课堂上的爱国主义相关知识的接收较少。让爱国主义教育真正渗透到大学生的内心，并在潜移默化中践行爱国主义，就应当结合时代特色和新科技，采取贯通线上和线下的互动模式，通过微信、微博、学习强国等媒体，推送或发布增强爱国主义情感、弘扬爱国主义精神的内容，提高大学生的参与兴趣，增强大学生的参与热情，调动大学生的积极主动性。还可以通过哔哩哔哩、快手等短视频 App，发布富有爱国教育意义的短片，吸引大学生自发地观看、传播和学习，以创新的教育方法促使大学生自觉自愿地接受爱国主义教育。

（三）不断丰富实践活动

我国大学生爱国主义教育始终秉承"实践育人"的教育理念，引领大学生将爱国思想转化为爱国行为，让大学生的爱国之情在内容丰富、形式多样的实践中得到培养，引导他们在创造社会价值的同时充分实现个人价值。

各高校以丰富多彩的校园活动为依托，通过基层党团支部的主题党团日活动、名师讲座、文艺展演、演讲辩论、书画比赛等形式加强爱国主义的仪式教育。同时还积极组织大学生走出校园，走进社会，广泛开展暑期"三下乡"、社会情况调查、社区志愿者服务、科普宣讲等社会实践活动，并充分利用博物馆、革命遗址、纪念馆、名人故居、国家重大工程建设等爱国主义教育阵地，对爱国主义精神进行生动地弘扬，不仅仅在学习过程中，还要在生活实践中，感受和学习英烈前辈的爱国主义精神和革命牺牲精神，在学、思、践、悟中感受到自己的历史使命与责任担当。

五、对高校师范类学生开展爱国主义教育的方式分析

（一）创新教育理念，坚持以学生为中心

高校中的学生普遍具有较高的思想觉悟和良好的道德观念基础，对于国家社会的发展具有较强的责任感。但是，由于我国经济的进一步发展，在国际市场中的参与程度越来越深，经济全球化对于我国的影响越来越大，随着对外开放程度的进一步加深，不良思想观念对年轻学生产生影响。面对这种新形式，教师应当转变传统的教育理念，积极对爱国主义教育理念进行创新，摒弃传统的以政治说教方式为主的思想政治教育理念，重视加强培养学生的文化自信和民族自信，促进高校中的师范类学生形成良好的思想道德观念，使其能够正确认识国内外的各项差异，根据时代发展要求以及学生的实际情况制定科学合理的教学计划，坚持以学生为中心，切合学生的实际情况和发展特点，有针对性地开展爱国主义教育工作，为学生的职业发展提供思想道德支持。

（二）以教学为中心，以就业为导向

高校的教育目标是将学生培养成为在专业领域能够发挥重要作用的高素质职业型技术人才，因此，在对学生进行教育时，需要坚持以专业教学为中心，以实际就业为导向的教学理念。高校的学生在综合素质、培养目的以及未来发展前景方面与本科院校都具有较大

的差别，要求高校在开展爱国主义教育工作时，需要结合对高校中的师范类学生的实际培养需要，有针对性的设计教学内容，切实提高学生的职业水平。师范类的学生未来的职业发展方向大多是教师等工作，而教师这一工作与其他工作相比，对从业人员的思想道德水平有着更高的要求。近年来的教育体制改革需要教师不断地提高自身的道德素质和专业水平，因此，为了使师范类学生获得更好的职业发展前景，需要在高职教育中围绕着就业需求开展高水平的爱国主义教育。师范类的学生作为未来的人民教师，肩负着引导下一代形成健全人格的教育任务，他们是否具有良好的思想道德品质和正确的价值观念，对于国家的未来发展具有重要的促进意义。

（三）破除教育限制，确保全员参与

思想政治教育的意义是引导学生形成正确的价值观念和良好的思想道德品质，并且及时修正学生在发展中的错误思想倾向。为了能够更好地实现思想政治教育的目的，高校应当在开展相关教学课程的同时，积极探索其他辅助教学方式，在全校范围内形成良好的爱国主义教育氛围，对学生进行潜移默化地引导，破除传统的高校思想政治教育的开展限制。对于师范类学生的思想政治教育，可以采用社会家庭教育与学校教育相结合的方式，加强对学生思想道德品质的提高。思想政治教育的内涵包含了许多方面，因此，家长等家庭教育对学生的影响和社会环境对于学生的影响将直接影响到学生爱国主义教育的效果。在目前社会的发展背景下，多元价值观对学生的影响越来越大，为了保证思想政治教育的效果，学校和相关教师应当积极建立起多元化的思想政治教育体系，积极与社会、家庭方面结合起来，形成全面科学的思想政治教育体系。除此之外，在对高校中的师范类学生进行爱国主义教育时，需要结合时代发展特征，及时转变传统思想，积极接受先进思想，并且利用各种先进方式进行教学，提高教育水平和教学效果。

（四）严格进行教学管理，以学生为本

为了保障高校中师范类学生的职业发展和专业能力，首先需要在思想政治教育中加强学生管理工作，积极转变学生的学习观念，树立良好的道德观念，促进学生的全面发展。在高校中，学生没有学习目标，对职业发展缺乏明确的认知，厌学情绪高涨的现象较为普遍，许多学生对学习并不重视，长此以往会对学生的职业发展产生不良影响，甚至影响学生的人生发展。因此，在对学生进行爱国主义教育时，需要加强对教学活动、教学内容以及教学形式进行管理工作，使得思想政治教学能够形成规范合理的教学秩序，通过严

格科学的思想政治教学引导学生改正不良习惯和错误思想，转变职业发展观念，从而实现学生的高素质发展，提高学生的专业技能。高校在开展思想政治教育工作时，需要秉承着对学生的职业和未来发展负责的工作态度，加强对学生进行正确的引导，做好思想政治教育工作。

（五）加强一体化领导，建立思想政治教育体系

高校在对师范类学生开展思想政治教育工作时，需要学校党委组织对其进行一体化的领导，建立健全高校的思想政治教育体系。为了加强对高校中师范类学生的爱国主义教育效果，需要积极推进思想政治教育课程体系的改革，使其更加符合时代发展特点和需求，并且积极探索校园文化活动、校园社会实践以及学校宣传活动等渠道对于学生爱国主义教育的促进作用。最终形成以课堂教学为主，各项校园活动以及校外实践为辅的校园生活全覆盖的一体化思想政治教育体系。这种改革措施能够有效的促进学生的全面发展，在各项学校活动中，提高学生的思想道德品质。由于师范类学生在未来的职业发展中，需要负责引导教育下一代的学生，因此，其自身的思想道德素质的水平高低将直接影响到自身未来职业发展是否顺利。为了更好地培养学生的思想道德水平，高校应当加强对思想政治教育的改革，推动思想政治教育的一体化发展，转变传统的将思想政治教育与专业技能教育相对立的教育理念，提高高校中各类教师的素质，督促专业课教师在日常教学中有机的融入爱国主义教育教学内容，有效提高师范类学生的综合素质。

（六）树立核心价值主导观念

在近年来的教学实践中，我们可以发现，在对高校中的师范类学生进行爱国主义教育工作时，坚持以马克思主义基本理论为主导，科学的改进并加强思想政治工作方式，可以有效地提高对师范类学生思想政治教育的水平。高校应当坚定的以先进科学的社会主义思想指导思想政治教育工作的开展，对师范类学生进行正确的道德观念引导，促使其形成符合社会主义价值取向的发展观念，促使学生能够成为具有职业理想和职业信念的符合新时代社会要求的高素质专业性技术人才。在高校中对师范类学生开展爱国主义教育工作最重要的是引导学生树立正确的核心价值观，并且需要以理论与实际相结合的方式开展，充分发挥社会主义核心价值观在学生的学习生活和职业发展中的重要引导作用，突出强调思想道德教育对于个人发展的促进作用，使得师范类学生具有良好的职业道德，符合相应的职业规范，通过爱国主义教育工作为师范类学生的未来发展提供更好的发展机会。

第四节　中华传统文化教育

一、新时代大学生中华传统文化教育概述

在教育内容上，传统文化中也含有丰富的思想政治教育素材。"内圣外王"是中国传统人格理论的精粹。"内圣"是加强修养、完善人格，"外王"是以德治国，而"治国"必须先"修身"。大学生思想政治教育就是要教育学生树立坚定的理想信念，勇于担当历史使命和社会责任，积极为实现中华民族伟大复兴的中国梦而奋斗。理想指引人生方向，信念决定事业成败。没有理想信念，就会导致精神上缺钙。只有把人生理想融入国家和民族的事业中，才能最终成就一番事业。现代社会的发展，需要自强不息、奋发有为的精神。中国传统文化中"刚健有为"的进取精神可以为当前的大学生思想政治教育提供参考和借鉴。大学生思想教育应教育学生客观理性对待人与人之间的差异，严以律己，宽以待人，正确冷静处理遇到的矛盾和问题，积极营造和谐的人际关系。中国传统文化与当代思想政治教育在教育内容上存在诸多一致性。大学生思想政治教育应借鉴传统文化资源强化教育对象的文化自信、坚定教育对象的理想信念，进一步推进大学生培育和践行社会主义核心价值观。

（一）传统文化对大学生思想政治教育的作用

什么是传统？古代典籍曾指出，"传者，相传继续也""众丝皆得其首，是为统"。由此可见，无论是"传"，还是"统"，都具有时间上的延续性以及前后相继的关系。每个人都生活在传统之中，谁也不能脱离传统而生存。当我们能够独立开展社会实践的时候，传统文化已经通过社会化教育的方式进入我们的思维习惯了。今天，我们之所以能清晰地了解到两千年前的社会生活状况，能清晰地把握文化在每一个阶段的发展变化，正是由于传统文化发挥了记事、载道、化人的作用。马克思说："人们自己创造自己的历史，但是他们并不是随心所欲地创造，并不是在他们自己选定的条件下创造，而是在直接碰到的、既定的、从过去承继下来的条件下创造。"中华传统文化就是这些"既定的、从过去承继下来的"历史条件。它是当代大学生思想政治教育的重要文化背景，大学生思想政治教育要实现科学化的发展就不能不重视传统文化的作用。当代大学生思想政治教育的核心内容——社会主义核心价值观的文化源泉也来自中国优秀传统文化。牢固的核心价值观，都

有其固有的根本。抛弃传统、丢掉根本，就等于割断了自己的精神命脉。社会主义核心价值观的三个层面十二个方面在传统文化中都有着鲜明的体现。比如千百年来，中国人一直把对小康社会和大同理想的追求当作自己的奋斗目标之一，这是"富强"的传统思想底蕴；"民惟邦本""民贵君轻"的思想则为民主的内涵渊薮；"文以载道，文以化人"，中国传统文化内生的文明成果契合现代文明观；"和实生物，同则不继"的和谐思想是传统文化最明显的标志；等等。可以说，中华优秀传统文化是社会主义核心价值观的源头活水。传统文化不是静止不变的，而是跟着时代的变化而变化，在不同的阶段有着不同的特点。特别是近代以来，中国传统文化在接纳马克思主义的基础上，其内涵得到了丰富和完善，呈现出新的气象，形成了新的传统。郑永廷等人指出："民族文化不仅是指中国古代文化，还包括现代以来的革命传统文化。"也就是说，中国古代传统、马克思主义中国化的传统和中国革命传统共同构成了我们开展思想政治教育的文化背景。

（二）传统文化与大学生思想政治教育的联系

大学生思想政治教育本质上是基于对传统文化反思、甄别、借鉴而形成的价值观教育，涉及人们的理想、信念和信仰的确立或改变。它作为社会共同体得以存续和文化传承的重要渠道，对凝聚社会共识、引导主流观念、抵制错误思潮具有重要作用，它在当代的核心问题是如何实现马克思主义指导下传统性与时代性的统一。从根本上讲，这种统一有着内在的逻辑基础，毕竟它们两者作为"思想"的上层建筑或"观念"的上层建筑，都是由物质生产关系所决定的，二者存在诸多相关性。这些内在的联系为思想政治教育借鉴传统文化提供了历史的基础和现实的可能。

在教育内容上，两者存在一致性。用什么样的内容开展大学生思想政治教育是文化育人和开展思想政治教育的关键问题。中华优秀传统文化中三个方面的内容，即核心思想理念、传统美德、人文精神具有超越时空的价值，不但在古代社会得到大力弘扬，在当代中国也极为需要。传统文化的核心价值理念中的革故鼎新、实事求是、天人合一等，传统美德中的精忠报国、见贤思齐、礼义廉耻等，人文精神中的求同存异、和而不同、俭约自守等对于我们建构当代大学生的精神家园和安顿大学生的心灵、抵制西方消费主义的诱导和市场经济所带来的负面影响、形成理性平和的社会文化氛围具有重要的作用。当我们对一些大学生中存在的"道德滑坡""价值失落"等问题进行理性反思时，才发现中华民族最可贵的文化基因正隐藏于此。

（三）以传统文化提升大学生思想政治教育实效性

中华优秀传统文化作为沉淀在中国人心中的集体意识，以潜在的方式时刻影响着中国人的价值取向、思维习惯、生活观念、行为方式等各个方面。当代思想政治教育作为培养人们形成符合社会主义要求的世界观、人生观、价值观的学科，要切实发挥其对人的价值共识凝聚、精神状态提振、和谐心理培育的作用，就不能不重视传统文化作用的发挥。当前，推进中华优秀传统文化创造性转化、创新性发展，实现传统文化与现代文化的内在统一，把优秀传统文化育人的内容、方法等诸多方面融入当代思想政治教育是提升其有效性的重要路径。

1. 用中华优秀传统文化来增强文化自觉文化自信

文化自觉文化自信是一个民族基于对本民族文化认识而形成的心理状态，是一个国家文化软实力的重要组成部分。近些年，中华优秀传统的重要作用日益受到关注，但相对于强势的西方文化，我们还需要拓展传统文化的价值理念、伦理道德、话语体系等。很多人"以洋为尊""以洋为美""言必称希腊"，动辄就是外国学者怎么说的，对自己的珍宝却不认识、不熟悉或了解不多，真可谓"抛却自家无尽藏，沿门持钵效贫儿"。重构当代中国人的精神世界、建设我们共同的精神家园是当代思想政治教育的重要任务。思想政治教育应把优秀传统文化当作自己的重要内容，并通过对其弘扬、传承，让中国人意识到优秀传统文化是我们的突出优势，是我们最深厚的软实力，认识到中国优秀传统文化不仅为中华民族伟大复兴的中国梦提供精神支持，对世界其他国家也具有重要的启发意义。深受传统文化浸染走出来的中国人一定能以更加开阔的视野、更有抱负的胸襟、更加积极的心态来应对各种挑战。

2. 用中华优秀传统文化涵育社会主义核心价值观

作为思想政治教育重要价值指引的社会主义核心价值观不能仅仅停留在理念上，更重要的是落实在实践中。要把社会主义核心价值观落细、落小、落实，使其影响像空气一样无所不在、无时不有，还要依靠优秀传统文化的力量。正如习近平总书记指出的："要认真汲取中华优秀传统文化的思想精华和道德精髓，大力弘扬以爱国主义为核心的民族精神和以改革创新为核心的时代精神，深入挖掘和阐发中华优秀传统文化讲仁爱、重民本、守诚信、崇正义、尚和合、求大同的时代价值，使中华优秀传统文化成为涵养社会主义核心价值观的重要源泉。"中华优秀传统文化不仅是社会主义核心价值观的重要来源，而且是培育社会主义核心价值观的载体。由于传统文化是以"日用而不知"的方式作为社会存在的，用它来引导人们认识社会主义核心价值观，对接受者来说具有天然的亲近感，有利于接受和认同。

二、基于传统文化构建大学生思想政治教育内容体系

以中国传统文化的整体思维观为理论依据，以党和国家关于大学生思想政治教育内容的规定性为基本遵循，以优秀传统文化内涵的思想教育、政治教化、道德规范为源头，构建起植根于优秀传统文化的大学生思想政治教育内容体系，包括：重义轻利、和而不同的君子人格，培育和践行社会主义核心价值观；尊师重道、关照弟子的新型师生关系；继承为政以德、德主刑辅政治思想，认同法治与德治有机结合、相得益彰；弘扬厚德载物、德位相配，强化个人道德修养；光大刚健有为、自强不息，强化艰苦奋斗精神，实践幸福是奋斗出来的理念；等等。

（一）关于加强大学生优秀传统文化教育的相关规定

教育部《完善中华优秀传统文化教育指导纲要》指出："加强中华优秀传统文化教育，是培育和践行社会主义核心价值观，落实立德树人根本任务的重要基础。"并提出了加强中华优秀传统文化教育的基本原则和主要内容。《关于实施中华优秀传统文化传承发展工程的意义》则明确强调要将优秀传统文化"贯穿国民教育始终"，全方位融入思想道德教育、文化知识教育、艺术体育教育、社会实践教育各环节。

《教育法》规定：国家在受教育者中进行爱国主义、集体主义、中国特色社会主义的教育，进行理想、道德、纪律、法治、国防和民族团结的教育。教育应当继承和弘扬中华民族优秀的历史文化传统，吸收人类文明发展的一切优秀成果。这些都是大学生思想政治教育的主要内容，每一项内容又可具体分为许多方面。

爱国主义教育主要包括：中华民族悠久历史教育和优秀传统文化教育，党的基本路线和社会主义现代化建设成就教育，中国国情教育，社会主义民主和法制教育，和平统一、一国两制的方针教育。集体主义教育包括：尊重、关心、理解他人，集体成员之间团结协作的教育；为集体服务，维护集体荣誉的教育；关心社会，为家乡、社会的公益事业贡献力量的教育；正确处理个人与集体、国家利益关系的教育；以集体主义为导向的人生价值观的教育。通过教育使学生正确理解党的基本路线，拥护党的领导，坚持走中国特色社会主义道路。理想教育包括：人生理想教育、道德理想教育、职业理想教育和社会理想教育。理想教育的核心就是使学生树立献身社会主义现代化建设事业的坚定信念。理想教育应当和世界观、人生观教育结合起来，和科学信仰教育结合起来，使学生在社会、人生、

事业等方面树立正确的理想与奋斗目标。道德教育包括：中华民族优良传统道德教育、社会公德教育和道德评判能力的培养、社会主义道德教育、职业道德和环境道德教育。纪律与法制教育包括：宪法及有关法律常识和法规的教育；知法守法，维护社会稳定，运用法律武器自我保护和抵制违法乱纪行为的教育。要让学生树立起社会主义民主法制观念，自觉遵纪守法，勇于同违法现象作斗争，服从国家和集体的统一意志并具有高度的组织性和纪律性。国防教育包括：国防意识和国家安全意识的教育；捍卫祖国独立、维护国家主权和领土完整的教育；军民团结教育和对普通高等学校在校生进行基本军事训练。通过国防教育，增强学生的国防意识和国家安全意识，使他们初步具备基本的军事素质和技能，自觉地捍卫祖国的尊严、独立和统一。民族团结教育包括：树立马克思主义的民族观、宗教观的教育；党的民族政策和宗教政策的教育；民族团结历史的教育。要让学生了解我国的民族团结政策和宗教政策，树立各民族一律平等的思想，自觉维护民族团结和祖国统一。

中华民族具有五千年悠久的历史和灿烂的文化，因此，在教育活动中要始终坚持把那些世代相传、长期积淀下来的优秀历史文化传统继承、弘扬下去。同时，要努力吸收人类文明发展的一切成果，凡是对我国经济和社会发展有积极作用的外来文化，特别是先进的科学技术，具有普遍适用性的经济管理和其他管理经验，先进的教育思想和教育方法，优秀的文学艺术、文化思想以及文明健康的生活方式与生活习惯等，都应该积极地予以吸收。

大学生思想政治工作的内容十分丰富，但主要还是思想政治教育，它是思想政治工作任务的具体化。确定思想政治工作内容的依据是党的路线方针政策，是当前的形势、任务和党员、群众的思想实际。大学生思想政治工作的内容大体分为两个部分：一是系统教育。系统教育就是进行马克思主义基本理论、党的基本路线教育，爱国主义、集体主义、共产主义教育，党的性质、宗旨、作风、纪律教育等。要把党性教育和精神文明教育的内容贯穿在系统教育之中，并有机地结合起来。进行系统教育有利于帮助大学生完整地理解和掌握马克思主义的基本立场、观点和方法，并使之运用到建设中国特色社会主义事业中去，有利于帮助大学生增强党性信念，提高政治思想素质，坚持四项基本原则，坚定社会主义信念，树立共产主义理想，具有正确的世界观、人生观和价值观。二是日常教育。日常教育就是经常性地对大学生进行形势与政策教育、利益关系教育、遵纪守法教育、业务技术教育等。进行日常教育，对于帮助大学生正确理解党在现阶段的路线、方针、政策，正确处理个人、集体和国家的利益关系，遵守党的纪律、国家法律，培养社会主义现代化必需的思想水平和业务工作能力有着重要的意义。

（二）基于优秀传统文化的大学生思想政治教育内容

1. 传承君子人格，培育社会主义核心价值观

培育和弘扬社会主义核心价值观必须立足中华优秀传统文化。牢固的核心价值观，都有其固有的根本。在中华优秀传统文化中，"君子文化"能代表中华民族深层精神追求和独特精神标识，并体现中华民族的基本文化基因。

（1）"君子"是中华民族理想人格形象。做人要做君子，这是数千年中华优秀传统文化的选择，也是今天每个中国人应当和乐于做出的选择。君子概念及君子文化，是中华优秀传统文化的聚焦之点和闪光之源，是烛照中华儿女历经坎坷而跋涉向前的人格力量和心理支撑。君子概念及君子文化，完全可以经过新的阐释激发其勃勃生机和强大活力，在当代社会树起一面具有深厚传统底蕴和时代精神的文化旗帜。春秋末期，孔子从不同侧面反复解说和阐发，使"君子"一词被赋予许多优秀道德的内涵，成为一种理想人格模式的称谓。孔子常在君子与小人的对举和比较中，肯定和褒扬君子是他心目中的道德高尚之人。《论语》有关"君子"的论述很多："君子喻于义，小人喻于利""君子坦荡荡，小人长戚戚""君子泰而不骄，小人骄而不泰""君子和而不同，小人同而不和""君子求诸己，小人求诸人""君子周而不比，小人比而不周""君子尊贤而容众，喜善而矜不能"，等等。作为孔子精心勾勒和塑造的可望可及、可学可做的理想人格，君子形象在中华文化数千年演进的历史长河中，受到上至历代思想家及文人士大夫，下至社会各阶层人士包括普通百姓的广泛认同和推崇。《周易》中的名句"天行健，君子以自强不息""地势坤，君子以厚德载物"，被张岱年等学者认为是对中华民族精神核心内涵的最佳概括。《孟子》中"君子莫大乎与人为善""焉有君子而可以货取乎""君子贵人而贱己，先人而后己"。可以说，"君子"是数千年中华优秀传统文化塑造的中国人的理想人格。儒家学说乃至整个中华传统文化，其中很重要的内容是阐扬仁、义、礼、智、信及忠、孝、廉、耻等众多为人处世的伦理和规范，它们最终都集聚、沉淀、融入和升华到一个理想人格即"君子"身上。"君子"概念古老而鲜活，在当代社会也在不同阶层人群中有相当的知晓度和认同度，君子风范今天仍被绝大多数中国人奉为做人的圭臬。

（2）君子文化是培育和弘扬社会主义核心价值观思想文化上的价值共识。一种社会风气的形成，遵循"上有好者，下必甚焉"的规律。正如孔子所言："君子之德风，小人之德草，草上之风必偃。"历史上之所以会出现"吴王好剑客，百姓多创瘢；楚王好细腰，宫中多饿死"的现象，原因即在于上行下效是不易之理。社会主义核心价值观作为兴国之魂，孕育于建设中国特色社会主义的生动实践中，又深深扎根在中华优秀传统文化的沃土里。

君子文化是中华传统文化的重要组成部分和精华所在，社会主义核心价值观与其中许多内容都是一脉相承、对接互补的。譬如，历代君子身上都颇为明显地体现出三大特质：以"天下兴亡，匹夫有责"为重点的担当精神和家国情怀，以仁义共济、立己达人为重点的互助理念和社会关爱思想，以正心笃志、崇德弘毅为重点的修身要求和向善追求。这三大特质，与社会主义核心价值观倡导"富强、民主、文明、和谐"国家层面的价值目标，倡导"自由、平等、公正、法治"社会层面的价值取向，倡导"爱国、敬业、诚信、友善"个人层面的价值准则等，完全可以对接、互鉴和贯通。这就是说，君子文化是培育和弘扬社会主义核心价值观能够直接嫁接，并在新时代开花结果的老树新枝。通过这种嫁接，两者在互补互释中相辅相成、相得益彰：一方面，培育和践行社会主义核心价值观获得传统文化这株参天大树庞大根系的丰富滋养；另一方面，君子文化这株昂首向上的千年古木在现代阳光雨露的沐浴和浸润下不断抽出新的枝条，结出新的硕果。唐太宗在《贞观政要·教戒太子诸王》中说：君子、小人本无常，行善事则为君子，行恶事即为小人。这表明做君子还是做小人，与身份、地位无关，关键在于为人处世时的一次次选择，选择"行善事则为君子"，选择"行恶事即为小人"。

（3）君子文化具有古为今用的重大现实意义和价值。君子文化源远流长、内涵丰富，不仅是继承和弘扬中华优秀传统文化的重要课题，更是为培育和践行社会主义核心价值观提供传统文化滋养需要讲清楚、弄明白的问题。在理论探讨层面，应大力开展关于君子文化的学术研究。由于君子是数千年中华传统文化塑造的中国人的理想人格（或者说集体人格），其中，蕴藏着中国人观察事物、思考问题和行为处事不同于其他民族的基本性格密码，因而对君子文化的研究就绝不仅仅是一种历史考察和纯学术的审视，更是一种重新认识自己、树立文化自信、张扬国格人格的理性洞悉和时代确证。这是一个既有历史性和学术性，更有时代性和实践意义的重大课题，值得花大力气、下大功夫认真研究。在社会生活层面，应大力倡行君子之风和君子之道。对于君子人格的设计蓝图，历代中国人接受最广、吸收其他人格模式优点最多、在中华文化广袤沃土中扎根最深、与中华文化思想精华和道德精髓重叠面最大。中华优秀传统文化在每个中国人心底都埋有一颗君子的种子，激活和倡行君子文化就是要让这颗种子在新时代生根发芽，茁壮成长。面对市场经济浪潮席卷社会生活每个角落，一些人出现信仰缺失、价值迷失、道德失范等诸病连发的状况，我们尤其需要在社会生活各方面大兴君子文化、大倡君子之风、大行君子之道，让君子文化这剂传统良方在大学生培育和践行社会主义核心价值观中，发挥补气固本的独特作用。

2.传承师道尊严，形成亲师爱生的师生关系

（1）尊师重教优秀传统源远流长，重振"师道尊严"正当其时。所谓"师道尊严"，即指为师之道尊贵、庄严，显示教师为受人尊敬的神圣职业。尊师重教是中国的优秀传统，近1300年前的唐代，蒙学内容"弟子事师，敬同于父"就体现了尊师观念的普遍性。改革开放后，党和国家高度重视教育事业和教师队伍建设，从1985年起，把每年的9月10日设为教师节，体现了党和国家以及全社会对教师的尊重。2018年，中共中央、国务院印发《关于全面深化新时代教师队伍建设改革的意见》，提出"实施教师教育振兴行动计划"，明确要求"不断提高地位待遇，真正让教师成为令人羡慕的职业"。尽管近些年中国教师队伍建设、教育事业发展向好，但教师行业也存在一些隐忧。一方面，教师特别是中小学教师职业吸引力不足，地位待遇有待提高，导致师资人才流失。中国教育科学研究院研究员储朝晖认为，在一些乡村，确实存在着教师待遇低、地位低的情况，让优秀人才无法充分施展才华。另一方面，辱骂、体罚学生，有偿补课，收受礼金等事件时有发生，损害了教师声誉。这些违反师德甚至社会公德的事件虽是个案，远不能代表教师队伍的主流，但因教师"为人师表"的神圣性，一旦发生即引起广泛社会关注，也引发了民众对教师群体素质的忧虑。这些隐忧，凸显了重振师道尊严的必要性。教师对学生成长起着重要作用，只有业务能力过硬、把学生当自己孩子的优秀教师，才能给学生好的影响。

（1）内外兼修，营造环境与规范自律须并重。重振师道尊严，首先要在全社会继续大力倡导尊师重教。在国家和政府层面，《全面深化新时代教师队伍建设改革的意见》对如何破解当前亟待解决的突出问题、培养高素质教师队伍等作出顶层设计，关键是如何实施。值得一提的是，官方对健全师德建设长效机制，推动师德建设常态化长效化进行了明确，同时提出，推行师德考核负面清单制度，建立教师个人信用记录，完善诚信承诺和失信惩戒机制。"不仅要有师德表彰这样的制度建立，同样要有师德'一票否决'的细则。既要表彰师德好的老师，同样对师德存在问题的教师，要在其考核中有所体现。"在加强师资力量建设，特别是提升教师水平方面，应从改革教师管理评价体制、加强职业道德教育和依法治教等多方面入手，还要注重提高教师地位、保障其待遇，为他们职业发展提供空间，给予他们应有的尊重。在教学上要给老师一定的自主权，同时可以考虑细化教师工资衡量、考核标准，调动优秀教师工作积极性。要适度提高教师行业的准入门槛，严格考核。从老师自身来说，还要提高自身修养、工作能力，严格自律，做到有资格让学生尊敬，这样才能重振师道尊严。

（3）传承师道尊严，构建和谐师生关系。尊师重道是中华民族的传统美德。《礼记》

说："凡学之道，严师为难。师严然后道尊，道尊然后民知敬学。"《荀子·致士》："师术有四，而博习不与焉。严师而惮，可以为师……"《吕氏春秋》说："疾学在于尊师。"所以古人信奉"一日为师，终身为父"。古人也是这样做的。帝尧王屋山拜师，每日站立求教，让人感动；杨时"程门立雪"，让人感动。这些事例表明，古人都懂得师道尊严是不可亵渎的。孔子十分重视"修道""立德"的问题，他说："夫道者，所以明德也；德者，所以尊道也。是以非德，道不尊；非道，德不明。"这话说透了"道"与"德"的关系。只有遵道而行，才是好的德行。道德如此重要，谁来"传道"呢？历史上的社会分工，主要是教师在"传道"。教师的一言一行、一举一动都可能对学生产生不可估量的作用。作为教育教学的主导者，教师的地位极其重要，他们应该是"道"的载体，他们的一举一动、一言一行都可能在学生心中深深扎根。正所谓"道之所存，师之所存也"，教师不讲"师道"，后果不堪设想。"师道"是前提，"尊严"是结果。离开了"师道"，"尊严"也就无从说起。正因为如此，"师道尊严"成为中华民族的优良传统之一。

3. 弘扬厚德载物、德位相配，强化个人道德修养

唯有厚德方能载物。"厚德载物"出自《周易·坤》"地势坤，君子以厚德载物"。学术界对这句话虽有不同的具体解释，但最终认同的意思却相差不多：一个有道德的人，应当像大地那样宽广厚实，载育万物和生长万物。所谓"厚德"即最高尚的道德。所谓"载物"之"物"，不仅专指万物，首先是指一切人。"人"与"物"可以连用，称为"人物"。厚德载物，即以深厚的德泽育人利物。也就是说，想要载物必须有厚德。做人首先要强调厚德，不断提高自身的道德修养。只有具备了崇高的道德和博大精深的学识，践行仁、义、礼、智、信等道德规范，才能成为君子，才能具有强烈的责任感和使命感，亦才能够关心人、爱护人，以正直和与人为善的态度处理好人与人之间的关系，兼容并蓄。"厚德载物"有利于培养大学生的道德人格。现代理想人格依然寄托着人们的期待和追求。它要求人们具有广博的爱心，乐善好施；要有道义感，见义勇为；要有道德操守，讲诚信；要正确处理义利关系，见利思义；要有承担责任与苦难的勇气；等等。现代社会的发展越来越表明，一个人事业的成功与否，不仅取决于智力因素，而且还取决于非智力因素，特别是人的道德品行。凡是有作为、成大器者，无不具有高度的责任感、进取心、自信心，以及热爱祖国、关心他人、勤奋上进、勇于奉献等品质。

"厚德载物"有利于督促人们追求高尚的精神生活，实现个人幸福。儒家强调人与动物的根本不同在于人追求精神生活，主张向内寻求生命的根据和快乐的源泉。只有精神的充实和道德的追求，才能使人体验由内而外的快乐与幸福。儒家推崇的"孔颜乐处"就

使人在道德实践中体会真正的充实和富足。儒家许多富有生命力的传统道德，如正义、诚实、信任、宽厚等，已构成人们恒久的道德情怀，使人有尊严地生活，使中国以"礼仪之邦"享誉世界。现实社会中，当传统道德被市场经济冲击时，功利、庸常、浮躁成为一些人的生活写照，物质生活提高之后，人的幸福感并不一定增加，人们领悟到生活不只是为满足物质享乐而忙碌，还应有一种精神追求的乐趣。道德能够让人有尊严地生活，感受到人际和谐和受人尊重的欣慰。"厚德载物"思想能够培养人们的仁爱之心，使人克制人欲、减轻自私自利之心，爱他人、爱社会、爱人类、爱万物。有此修养的人，才会在家庭、工作和社会生活中助人为乐、勇担责任。

"厚德载物"的人文特质有利于构建和谐社会。和谐社会是一个各方面利益关系得到有效协调的社会。"厚德载物"作为一种博大的精神素养，它概述了人与自然、人与社会、人与人之间关系要和谐、协调的深刻认识，是播种和谐的种子。"厚德"强调个人内在道德修养，对构建和谐社会具有独特的意义。它可以使人在喧嚣的尘世搅扰、利益之争和现实矛盾的旋涡中，获得一种内在的超越感和一份心灵的宁静，从而为每个人处理好与他人、与社会的关系奠定心理基础。在竞争日趋激烈的社会现实中，如果我们注重自我修养，在人际互动中约束个人行为，减少人际摩擦，化解人际中的紧张与冲突，自然就有利于形成稳定和谐的社会环境。在当今多元化、多样性的社会中，"求同存异、包容共济"对于调节各种关系和矛盾，使社会和谐稳定发展至关重要。

第四章

新时代高校大学生思想政治教育的实践途径

第一节　高校思想政治教育的途径分析

一、高校思想政治教育策略

面对日趋复杂的形势，高等院校要从战略高度审视思考思想宣传工作，强化协同作战思维，用好"组合拳"，这不仅是高等院校的职责所在，也是高等院校培养人才的逻辑起点。具体来说，高等院校必须要依靠广大教师和大学生，理论武器和实践武器并用，兼顾实体课堂和校园网络，切实提升师生的思想政治素质。

（一）师生间紧密团结

第一，要将广大教师和学生紧密团结起来，切实做好思想宣传工作。高等院校青年师生是加强思政育人的主要依靠力量，我们必须要充分团结青年师生。首先，我们必须要发动、组织和调动广大学生的力量，采取恰当的方法和策略，激发学生的担当意识，引导其忠于祖国、忠于人民，了解中华民族历史，秉承中华文化基因，有民族自豪感和文化自信心，把自己的理想同祖国的前途、把自己的人生同民族的命运紧密联系在一起，扎根人民，奉献国家。同时，还要着眼于学生的成长和发展，帮助其打牢思想和政治基础，使其不仅是在学校，而且未来走上工作岗位后依然是捍卫马克思主义的主要力量。其次，教师不仅肩负着教书育人的重任，也承担着思想宣传的工作。要充分发挥广大教师的积极性和主动性，组织和动员广大教师，切实发挥其在课堂教学中的主导作用，进一步加强其职业素养，按照习近平总书记提出的教师要有理想信念、有道德情操、有扎实学识、有仁爱之心的标准，加强对高等院校青年教师的引导和教育，培养德才兼备的高等院校教师队伍，充分发挥其在思想道德建设方面的引领作用。

(二) 强化阵地意识

我们不仅要打好防御战，抵制错误思潮的进攻和渗透，还要在打好防御战的同时，开展攻击战，以攻为守，适时出击，防御战和进攻战交织进行，不给错误思潮以可乘之机。首先，要强化阵地意识，筑牢高等院校宣传思想工作的战斗堡垒，旗帜鲜明地弘扬主旋律、宣传主流思想；其次，要强化政治意识，主流思想问题关乎旗帜、关乎道路、关乎国家的政治安全，因此要牢牢把握高等院校宣传思想工作的话语权和领导权，打好组合拳；再次，要强化主动意识，掌握战争主动权，加强对错误思潮各种渗透的研判，并采取科学合理的应对措施，主动出击，争取战略的主动权；最后，要强化战斗意识，对错误思潮的渗透和不法分子心怀叵测的不当行为敢于亮剑，勇于发声，绝不妥协退让。

(三) 理论与实践相结合

不仅利用好理论武器，也要利用好实践武器。能否利用好理论武器和实践武器关系高等院校思政育人的成效。在理论方面，必须要加强高等院校师生的马克思列宁主义和共产主义的理想信念教育，坚定广大师生的道路自信、理论自信、制度自信和文化自信，增强他们对各种错误思潮的政治辨识力和抵制力，同时要加强马克思主义理论研究，推进理论创新，构建具有中国特色的社会主义理论体系，打造中国特色的话语体系，提升马克思主义的感召力和说服力。在实践方面，要深入挖掘各类实践资源，用实践生活中活生生的事例感染人、教育人，强化对马克思主义和中国特色社会主义的认同，在教育教学中强化实践支撑，组织开展各类丰富多彩的社会实践活动，在实践中感悟，在实践中提升，并将实践上升为理论。此外，还要善于将理论和实践相结合，在实践基础上加强理论水平，充分发挥人才优势，不断推进马克思主义理论创新，讲中国好故事，传中国好声音。

(四) 重视网络宣传

将网络宣传思想工作放在和学校教育教学同等重要的位置。课堂教学是传递价值观的重要阵地，在课堂上要坚持正确的价值导向，开展正面教育，严格课堂纪律，传播正能量，坚决抵制错误思潮入课堂。同时，一定要驾驭好网络主阵地。当前网络打破了传统校园媒体的空间界限，将大学生的生活与外面的世界紧密联系。由此，网络逐渐营造出影响大学生成长成才的重要舆论环境。因此，高等院校必须高度重视网络教育，将网络空间变为传播主流思想的主阵地，建好主流网络。在加强网络管控的同时，以校园微信公众平台等为依托，营造导向鲜明、形式新颖、内容丰富的网络环境，并及时发现一些苗头性、倾向性问题，对网络上的各种负面信息和不良思想的渗透予以坚决回击，消除负面影响，争夺网络话语权。进一步加强课堂教学和网络的协同配合，统筹规划，紧密连接，既要合理管控，又要充分发挥各自优势，引导学生树立良好的价值观。

二、以人为本的思想政治策略

（一）以学生为中心

在应用以人为本理念来拓展与延伸高等院校教育教学工作时，全面学习、认知与领悟以人为本理念的概念及内涵是非常必要且迫切的。在教育教学管理领域中，以人文本理念则是以学生为核心，重视学生的成长需要与发展需求，重视对学生的鼓励与培养，一切教育教学活动的组织与开展都要围绕学生来进行，且所有教育教学活动都是从学生的成长与发展角度来进行完善与提升，从而推动学校培养人才的目标得以更好地实现。以人为本理念能够促进高等院校更加灵活且有针对性地来教育与管理学生，从而更有效率地提升学校教育、教学品质与效果，进而构建更加科学、高效的教学管理模式。

（二）教学多元化创新

面对当前单一、局限、机械的教育模式，单纯地从思想上改变是无济于事的，想法必须要落实到实践当中才能够发挥出成效。有鉴于此，从教育教学方面，教师要积极推进高等院校教育教学管理模式的多元化创新，贯彻以人为本理念，强化学生主体性教学地位，给学生更多的空间和机会去探究知识，针对学生的学习现状来创新多样化的教学策略；同时也可以运用互联网技术来辅助教学，丰富教育教学的形式与方法，如多媒体法、微课、因材施教、小组合作讨论教学等，给学生提供更多的表现机会与发展空间，让学生能够更加灵活自如地发挥与表达，有益于学生活性思维与创新意识的培养。与此同时，从教育上要重视教育方法的改变与多样化创新，而从管理上也同样要重视方法的优化与创新，很多教师的管理思路和方式比较刚性，缺乏柔性管理的融合与渗透，没有将以人为本理念更好地诠释出来。因此，教师在管理学生时，要重视刚性管理与柔性管理的融合性应用，对学生实施刚柔并济的管理模式，这样对学生的管理更加科学恰当、松紧有度，更易于被学生所接受。此外，教育教学课程不仅要在传统课堂上开展，高等院校要重视多种教学实践教学与管理活动的组织与创新，给学生更多学习体验与实践感悟。教师也要多听听学生的意见和心声，了解学生在学习与生活中存在的困惑或者难题，最大限度地帮助学生解决问题，并教会学生学会正确处理问题的思维与方法，逐渐塑造学生专业能力与素养，促进学生更加全面的成长与成才。

（三）发挥教师的价值

运用以人为本的理念来优化教学管理模式，教师在其中发挥着不可估量的作用与价值。教师的综合能力与教学水平的优劣都会对教学效果产生直接性影响。因此，高等院校在构建与创新高等院校教育教学管理模式时，必须要重视师资队伍建设，定期开展教育培训工作，将以人为本的理念融入教育与培训工作中，以教师发展为核心，着力塑造教师的综合教育与管理能力，从专业性等方面给教师"充电"，引导与帮助教师转变教育思维与理念，提升教师的综合性能力与专业性水平，为学校教育与管理活动的更好组织与开展提供良好的师资保障。与此同时，教师自身也要不断与时俱进，结合时代的发展来不断优化自身的教育能力与技能，将以人为本理念应用到实际教学和相关管理工作当中，实现高等院校育人育才的目标。

（四）注重沟通与对话

首先，思政教育者应积极维护学生的权益，从学生的角度来思考问题，比如，公平评定奖助学金、公正推荐党员候选人等，学生心里踏实了自然会自觉履行应尽的义务。通过这些方面的改革，必然会拉近教育者与学生之间的距离，让学生觉得老师不再单纯是管理者，二者关系也不再单纯是上下级关系而是"亦师亦友"的朋友关系。这样人性化的管理，定然会使学生在一个宽松自由、全面发展的良好环境中，满足成材的需要。

其次，如今学生所需要的是"对话"模式。传统的管理模式是"独白"式的学生管理，过于重"管"忽"理"，这种管理方式依然处于主从状态。而如今学生所需要的是"对话"模式，该模式也是时代精神在管理领域的回应。对话管理是在尊重个性的情况下，在真正民主、平等、尊重、信任、宽容的氛围中，以言语、理解、体验、反思、互动等交流沟通方式，实现管理价值目标的一种新型管理模式，是重视"理性"的管理模式。面对当前复杂多变的教育管理形式，为实现教育管理目标，就必须要变革学生管理模式，由"独白"走向"对话"，真正服务于学生。

此外，更重要的是使学生不知不觉地进入一种自我管理、自我教育、自我服务的自律氛围，通过学生的亲身参与在一定程度上提高他们独立处理问题的能力，从而实现了大学生在日常行为的主观意识上的自我约束。

（五）实现多主体参与

第一，可以动员任课教师参与学生思想政治教育工作。教师与学生有着密切的联系，更能直接了解学生的思想和需求，尤其对于学习情境管理工作者来说。因此，管理工作者应该经常与教师沟通，通过教师了解学生的日常情况，无疑是一种非常有效的方式。

第二，宿舍管理员的作用不容忽视。因为宿舍管理员与学生朝夕相处，有天然的优势来了解学生的问题和需要，所以思想政治教育工作者要经常和宿舍管理员做交流，通过他们对学生的日常生活情况进行收集，及时解决学生的日常生活和心理问题，从而有效地服务于学生。

第三，建立非义务性质的学生自我管理队伍。建立非强制性学生自我教育团队的主要目的是把学生作为真正的主体，以勤工助学的形式参与到日常的学生思想政治教育工作中来。学生思想政治教育者来自学生，更了解学生的思想。这样，解决问题就更有针对性，使学生工作得以更好地开展。

综上所述，学生管理新的多向管理模式是保持原有管理人员的直接管理不变，将部分管理职能转移给教师、宿舍管理员和学生管理员，加强与他们的沟通，构建完善高效的多向管理模式。

（六）加强话语权的把握

重视"话语谋划"，旨在牢牢把握宣传思想工作的话语权，被动坚守不如主动出击。我们不仅要做好国内管理工作，更要积极参与宣传思想工作的国际研究与管控工作，不断增强我国传统文化和中国特色社会主义的国际影响力，从而提高我国主流思想的国际影响深度。

一方面，我国要对全球化背景下思想的多元化做好取其精华，主动参与全球化进程，加强宣传思想工作的战略研究与国际合作，为我国宣传思想工作的发展打造稳定和谐的国际环境；另一方面，要继续实施"走出去"战略，为世界走进中国、了解中国、认知中国提供平台，不断扩大我国主流思想的国际影响力。我们要打造诸如孔子学院这样的思想文化输出平台，推动"一带一路"的经济社会发展互惠措施，逐步增强我国主流思想的国际影响深度。借助现代传媒技术，尤其"互联网＋传播"这样的宣传技巧，积极向国际社会介绍、宣传中国经济、文化、社会、政治等制度，重点将我国优秀传统文化、主流思想的先进性、优越性、特色性展现给全世界，宣传好中国经济、社会发展给全世界带来的好处，以此增强世界各国对我国主流思想的肯定、认同与赞赏。

在这个过程中，我们可以充分发挥好新媒体的重要的作用，切实利用好网络这一前沿阵地。

三、重视思政教育与法治的结合

（一）融合法治的必然性

明确高等院校法治观教育对落实依法治国有着重要意义。增强大学生的法律意识，提高大学生的法律素质，是做好法治国家建设这门大学问的基础课程。这既需要法学专业人才的孜孜追求，也需要法治观下教育、培养大学生。

高等院校法治观教育的意义就是通过这样的基础性工作来达到完善国家上层建筑，进而促进经济发展的目的。

1. 理论层面的需要

从理论层面来说，法治与德治相结合的治国方略能够得到有效贯彻与落实，在很大程度上就源于法律与道德相结合的正当性，在把握好法律与道德相结合的正当性之后，才能在实践之中促进"良法善治"的形成，促进人民良好生活的实现。

首先，法治与德治的价值重叠性是促成二者结合的基础。从道德与法律产生的思想条件来看，法律与道德源于人们对良好生活的追求，从二者所蕴含的价值理念来看，正义既是道德与法律之根，又是人类文明的基本共识与人类生活的根本理想，人们对良好生活的基本共识与根本理想，是衡量法律与道德良善的根本价值。法律有良恶之分，道德有善恶之分，但二者都是以"正义"为原则，又以"正义"为最终的价值目标。在社会生活中，法律与道德是基于人们的正义精神和正义目的而存在的。法律的正当性在于是否合乎正义精神和良善道德要求的。如果法律违背了正义或道德就会成为恶法，便会失去其存在的价值。因此，在法治建设中，不能只关注社会主义法律体系自身是否完善，更要确保法律既不能与良善的道德相背离，也不能与良善的道德精神相悖，这样才能有效抑制恶法的产生，减轻对人民的损害。道德自然需要正义，正义本身就是一条重要的道德原则，道德建设更是在维护和营造着社会的正义氛围。

其次，法治与德治的差异互补性构成了两者结合的逻辑前提。德治与法治各有其独特作用，也有其不足。这主要在于道德主要是通过社会教化与风俗习惯、个人良知与信念等，促使人们自觉形成荣辱感、羞耻感，进而达到趋善避恶。然而，对于那些道德良知欠缺的人，道德的作用便难以发挥，这就需要法律规范的外在强力，对恶的行为给予惩治，使人们对违法所带来的惩处后果产生恐惧感，进而达到趋利避恶的目的。在这一层面上，法律的使命是弥补道德自身的不足，确保了"善"的真正实现。此外，道德要求是多层次的，它既包含社会生活所需的基本道德规范，也包含高尚的道德要求。在社会生活中如果人人都以高尚的道德要求为准则，那么人们就能在它的引领下实现良好生活。然而，在现实生活中，这只能是一种理想。在社会生活中，一些人不仅达不到高尚的道德要求，甚至连基本的道德要求都做不到，甚至还会发生违法犯罪的情形，这时就要充分发挥法律作用。总之，法治与德治的结合是人们的思想和行为的内外兼治的必需，也是促进良好生活实现的应然。

2. 应对当前现实的需要

从现实需要层面来说，一方面，最根本的前提是社会和国家的长治久安，法治不仅能够维护社会秩序，保持社会稳定，还在一定程度上能够给人民带来安全感，而安全感是法治社会的重要内容，也是人民的最基本要求；另一方面，当前现实的需要意味着人们在社会生活中都能够获得尊严和公正，而法治就是维护尊严与公正的有效手段。同时，道德建设在人们的社会生活中也同样重要。"国无德不兴，人无德不立"，道德是实现中华民族伟大复兴中国梦的重要精神力量，是人们社会生活中的行为准则。在新时代，道德还是良好生活的重要指引。一方面，崇德向善的生活自古以来都是中华民族所追求的良好生活，而新时代的需要与实现更是人们在道德生活中得到的反思。因此，融合法治在一定程度上彰显了人民的道德价值认同。另一方面，人们对民主、法治、公平等新诉求不仅需要雄厚的物质基础、可靠的法治保障，还需要道德力量来引导，因为道德不仅能够使人弃恶扬善，还能够通过良好的社会风气感染民众内心，引导人们规范言行举止，引导整个社会向着和谐、文明等人民所期盼的方向发展。因此，法治是安定天下、实现良好生活的重要保障，而德治是滋润民心、实现良好生活的重要指引，二者相互结合、相互支撑，才能实现更好地发展。

（二）师生严守"法治观"

1. 坚持"三个方向"性的问题

（1）对古代传统法律文化的借鉴和吸收。现代法治是一个舶来品，中国的现代法治缺乏本土化的传统根基是一个不争的事实。而如何能够平衡两者之间的关系，尤其在二者发生冲突时，使受教育者有一个相对比较清楚的认识是在法治观教育中必须重视的课题。如何借鉴并吸收中华优秀传统文化，不仅具有理论价值，更是法治观教育和法治发展维持长久生命力的源泉和动力。要做到传统文化与现代法治的平衡就必须认识到，对传统文化的深入认识和保持对现代法治的有效对接是一项长期而艰巨的任务，要在这个过程中体现真实性，才能够在当下的法治观教育与价值构建中起到作用。中华文明是历史传承最为完整、最有承接性的民族文明。中国传统文化是我们中华民族经过几千年来的创造、发展、吸收、融合、批判、扬弃而逐步形成的一个内容非常庞大而又繁杂的复合体。

对待古代传统，要坚持规范性与渐进性的统一，不能同传统一刀两断。坚持不是固步自封、墨守成规，发展也不是摒弃传统。历史给我们积累了博大精深、影响深远的法治文明，古代法制中有很多超越时空、具有普遍价值的合理性因素，有生命力的内容，我们要取其精华部分，融合现代社会实践，使其发挥更强大的生命力，如依法治国与以德治国的提出就是基于传统立足现实的典范。但与此同时，中国封建文化中的礼法不分、天赋王权等思想，显然已经不能适应现代社会的法治思想和时代精神，我们对此只能去除，只能作为研究历史视角的一部分。源远流长的传统文化赋予思想政治教育以强大的力量和精神，这使得我们在法治观教育过程中既要坚持正确的价值观，又要引领多元文化；既要有思想政治教育的自信心，又要有对多元文化的包容心。我们必须清楚地认识到对待悠久的历史和传统，要延续生存，就必须随时代的变化而做出相应调整，而每次的调整变革都需要根据计划与实施、理想与现实之间的差距。变革之后，根据效果及时做出调整，才是保证改革成功的必经之路。

（2）对西方法治文化的借鉴和吸收。对西方法治的借鉴和吸收是中国法治发展无法回避的现实选择。西方法治理论和实践有着深厚的积淀，在对待西方法治的问题上，要注意防止照抄照搬，要坚持开放性与选择性的统一，要兼容并蓄、海纳百川。在法治观教育的课堂上不难发现，如果一味地遵循西方法治的逻辑则很难契合中国的具体情境。因此，避免法治过程中的法律虚无主义和法治浪漫主义的思潮影响法治观教育，理性而谨慎地看待才是思想政治和法治观教育应有的态度。

（3）坚持马克思主义法治思想。在对待马克思法治观的问题上，受到学界马克思哲学观思潮的影响，存在着"工具论"及"实践论"的解读，而对马克思本人的法治观重视不够，轻马克思法治重西方法治的法学倾向一度影响了法治观教育研究者的研究思路。事实上，马克思的法学观点中包含强烈的对人的尊严和自由的人文关怀，这些实际上与法治的精髓相契合。但马克思的一些法学观点并没有得到足够的重视。马克思指出："法的关系正像国家形式一样，既不能从它们本身来理解，也不能从所谓人类精神的一般发展来理解，相反，它们根源于物质的生活关系。"这些马克思主义法学基本理论观点理应成为法治观教育的组成部分。因此，在高等院校的思想政治教育中应该切实挖掘马克思主义法治思想，将思想政治教育和法治教育相结合。

2. 切实优化思政与法治结合的两大途径

（1）发挥课堂教学在高等院校法治观教育中的主渠道作用。创新是国家发展的不竭动力。高等院校是创新人才培养的重要阵地，为学生的全面发展和个性发展提供支持，法治观教育方法的创新是一种尝试。法治观教育是思想政治教育的组成部分，应与思想政治教育相契合，遵循思想政治教育的一般规律，但法治观教育的创新一定要建立在中国文化的根基之上才能保证创新的持久性和适合性，而基于法治观教育的特殊功能与使命，法治观教育理应有自己独特的方法和艺术。从一定意义上讲，法治观教育是对传统思想政治教育方法的创新和突破，为思想政治教育方法论的发展提供了新的思路，如果说思想政治教育是做人的工作，那么法治观教育的新方法则提供了切实可行的显而易见的证据。素质教育是面向学生的全面教育、差异教育、成功教育，也是面向学生的平等教育、个体教育。

（2）积极探索法治观教育第二课堂的新形式。大学文化的核心在于大学精神。张扬个性、崇尚自由与政治价值选择，与主流意识形态不是矛盾体，坚持主流价值也不能简单地同学生的思想一致画等号。第二课堂的实施丰富了思想政治教育工作的形式和手段，可以增强法治观教育的针对性和科学性。但仅仅依靠法治观教育不能满足大学生对人文精神和更高精神价值的追求，在当前社会经济和政治文化形态中，法治观教育提供了大学生对人文精神追求的重要基础——对个体权利的保护，对生命的尊重和保障。法治观教育的第二课堂要坚持科学精神与人文精神的统一，同时也要坚持管理性与教育性的统一、自律性与他律性的统一。要创新模式就要从学生的实际出发，同学生做朋友，寻找新途径。要善于解决学生的问题，在互动中达到提升思想认识的目的。第二课堂突破了教室的局限，给思想政治教育工作者以更大的工作灵活性和发挥空间，能够在广阔的实践中提炼并汲取思想养分，提炼出真知灼见。因此，我们一定要高度重视法治观教育在第二课堂的实施。我们很有必要在法治观教育的第二课堂中积极探索模拟法庭、模拟人大的形式，这样就真正做到了参与式、探索式的教育方式，也更容易激发学生的学习兴趣。

第二节　高校思想政治教育与家庭教育的结合

一、家庭教育和思政教育的关系

家庭教育与高等院校思想政治教育关系密切。一方面，家庭教育是有效开展高等院校思想政治教育的前提。家庭教育中，父母以自身的言行或生活中出现的事例对其进行教育，让他们养成良好的道德品质。父母通过自身的言行举止向孩子展现良好的品德修养与高大的形象，从而成为孩子的榜样。另一方面，高等院校是思想政治教育的一个主要场域。随着信息网络技术的发展，大学生接收着世界各地的信息，然而他们的思想体系还不成熟，价值判断与选择也还处于朦胧期，容易被不良的信息所影响。高等院校要通过开展思想道德教育相关的课程与活动，帮助大学生解决成长过程中的思想困扰，促使其健康成长。

（一）家庭教育的概述

1. 家庭教育的内容

家庭教育对高等院校学生的成长与教育有着非同寻常的意义。为了更好地将家庭教育和高等院校思想政治教育相联结，本书先研究家庭教育的内涵。

家庭教育的教育内容是指从孩子出生开始，家长对子女的思想品德、性格、行为习惯等多方面进行要求的家庭教育，在人与人沟通交流、学习生活等方面都为孩子更好地接受与社会价值观一致的思想政治教育做了铺垫。可以说，家庭是教育的启蒙，因而家庭也就成为人与之联系最为密切的地方，所受家庭教育的影响也就最为深刻久远。家庭教育在不同的时期随着社会的变化也在相应地发生改变。社会生活的方方面面以不同的形式渗透到家庭生活中，使其受制于所处的社会历史。在社会进程的不同阶段，家庭教育的表述即使不同，但主要还是指家庭成员间实施的一种双向互动的教育活动。家庭给予的教育也是践行其他教育实践的前提。

2. 家庭教育的特点

家庭教育具有成长的基础性与强烈的感化性。每个孩子从呱呱坠地的那一刻起就受到家庭成员、环境与文化氛围的影响。同时,亲密的关系伴随着家庭成员间频繁的互动与影响而充满感情色彩,并产生强烈的感化性。感情越亲密,成员间的感化性就越强,反之则感化性就越弱。

第一,家庭教育具有特殊的权威性与鲜明的针对性。父母在相伴中逐渐获得特殊的权威,在孩子心目中树立了很高的形象与威望。人们在家庭中潜移默化地接受着长辈影响成长,通常以同样的教育内容和方法教育自己的后代。家庭教育使得这些教育内容和方法通过家规、家训、家风、门风、家学、家传等形式继承下来。家庭教育是秉承优秀家风、家传的桥梁。

第二,家庭教育具有内容的丰富性和方法的灵活性。教育内容的丰富性表现在,家长不仅要使孩子掌握丰富的文化知识,引导孩子树立科学的"三观",还需在人际关系、职业规划与选择等方面对孩子进行教育和引导。家庭教育就是在家庭生活中进行的,家庭生活的内容成为教育孩子的一部分,家庭成员的活动过程也就成为教育孩子过程中的一部分。丰富的教育内容意味着方法的灵活多样,家长不必拘于固定的模式。在休息、娱乐、购物、各种家务劳动中,都可以对孩子进行教育和训练。很多家长在周末会带孩子出去走亲访友、参观旅游等,利用一切的机会来对孩子进行引导教育。

(二)融家庭教育于思政中的理论基础

1. 马克思和恩格斯家庭教育理论

马克思和恩格斯的家庭教育思想有其深厚的理论来源,是在继承人类家庭教育理论基础上形成的人类家庭教育思想的优秀成果。对马克思和恩格斯的家庭教育思想进行研究,对新时期建设中国特色社会主义和家庭教育有重要的意义。他们认为具有生育、经济,以及情感功能的家庭与社会生产发展息息相关。他们深信自由全面发展是家庭教育的最终目的。

2. 毛泽东的家庭教育理论

毛泽东的家庭教育理论是马克思、恩格斯家庭教育理论的继承和发展。毛泽东同志结合中国家庭教育的实际情况,创立了具有中国特色的毛泽东家庭教育理论。除此之外,受中国传统文化的熏陶和韶山毛氏家族传统教育的影响也是毛泽东家庭教育理论形成与发展的重要条件。从毛泽东同志的一些话语中我们可以洞察到家庭、高等院校、社会是紧密相连的三个环节，缺少一环都无法实现教育之全体。毛泽东同志丰富的家庭教育理论还体现在他写给子女的一封封家书中，家书中的他耐心细致地与孩子谈论理想信念、道德情感、家庭工作、生活学习、实践教育等方面。社会教育是从家庭开始的，新时期加强毛泽东家庭教育理论的学习对于明确家庭教育目标、强化理想信念教育、运用科学的教育方法深化素质教育、优化家庭育人环境、强化思想品德教育具有重要的理论与现实意义。

（三）思想政治教育与家庭教育关系

探究家庭教育与高等院校思想政治教育两者之间的内在关系，以及二者融合的必要性，才能分析制约家庭教育与高等院校思想政治教育融合的渠道。可以说，家庭和高等院校教育互为补充，大学生在家庭中接受的教育是高等院校对大学生进一步教育的前提，学校给予家庭进行教育的指导则可以推动家庭教育更为科学合理，效果更为显著。

1. 两者的差异性

第一，教育性质的差异性。家庭教育是一种私人教育，而高校思想政治教育则是公共教育。家庭教育的基础首先是血缘关系，进行家庭教育是根据父母的个人意志对孩子进行有针对性的教育。而高等院校思想政治教育是进行公共教育，是依据社会对受教育者的要求实施，而不是依据教育者个人意志。

第二，教育组织形式的差异性。家庭教育是一种非正规性教育，而高等院校思想政治教育则是正规性教育。家庭教育虽然有一定的目的性，但其教育主要和家庭日常生活密切相关。

第三，教育方法的差异性。家长对子女一般面对面地进行个别教育。相对而言，高等院校则是通过班级形式的课堂教学和各种实践活动进行教育。它主要是依据全体学生共性的共性问题着手，通过班集体的形式对学生进行教育影响。

第四，教育过程的差异性。家庭教育是一种终身教育，而高等院校思想政治教育则是阶段性教育。家庭教育具有先入性，每个孩子从呱呱坠地的那一刻起就受到家庭成员、环境与文化氛围的影响。系统性的高等院校思想政治教育只是人成长中的一个阶段。

2. 两者的共性

首先，教育目标的同一性。家庭这个场所，主要是为孩子提供成长的环境，培养他们成为品德正直、正派的人，使其成为有利于社会的人。简言之，家庭教育重在"成人教育"。这也是思想政治教育实效性发挥的一个重要途径和形式，在思想政治教育实践中发挥重要作用。

其次，教育责任的同一性。家庭和高等院校对大学生的成长负有同样的责任。信息网络技术帮助学生增加了知识面，开阔了视野。在此阶段，他们的思想体系并不完善，在不良思想影响下容易引起价值观混乱。家庭教育要利用其特有的教育优势，及时对子女进行教育引导，使其摆脱成长中的困境。高等院校也要适时开展思想道德教育相关的课程与活动，帮助学生解决成长过程中的思想困扰。

最后，教育内容的同一性。高等院校思想政治教育主要是在课堂教学中对学生产生影响。大学生家庭教育主要是父母在与孩子接触过程中，以自身的言行或生活中出现的事例来培养他们形成健全的人格。二者虽然在教育方式上不一致，但都是对大学生进行思想行为习惯的教育，促使其健康成长。

3. 关系分析

首先，二者是共性教育与个性教育的关系。家庭教育是家长愿意对孩子施行的个性化教育，高等院校教育却是依据社会对受教育者的要求而实施的共性教育。其次，二者是非正规性教育与正规性教育，互为里表。家庭教育虽然有一定的目的性，但其教育主要和家庭日常生活密切相关。故此，家庭教育和高等院校思想政治教育一里一表相互配合。最后，二者是终身教育与阶段性教育，高等院校思想政治教育虽然会进行相当长的时间，但对大学生进行的是阶段性的教育，只是其成长中的一部分，长时期的家庭教育是孩子成长中必然的环节。

如今，全球经济一体化、世界文化多元化等一系列发展变化，也使我国获得了前所未有的发展空间。但是重视多元化，金钱、利益至上等一些与社会价值相背离的想法渐渐出现在社会中，进入家庭、进入学校。所以，将家庭家庭教育与高等院校思想政治教育联系起来是十分必要的，主要体现在以下方面。

第一，家庭教育与高等院校思想政治教育联结现实依据。首先，优秀家庭教育传承面临的现实困境。随着21世纪的到来，中国的发展进入了一个新时期。深化改革开放，开放扩大的社会环境，人们的思想非常活跃，非常丰富，收到的信息也比较混乱。这些发展与变化对家庭教育来说有积极地促进作用，也同样会面临着新问题。经济发展使得家庭物质生活水平得到普遍的提高。这一新变化为孩子的成长提供了良好的环境，在满足物质生活条件下，家长将更多的注意力集中到了孩子的教育上。然而，物质生活条件的改善和生活水平的提高使父母减少了对孩子进行劳动教育的要求，道德教育在一定程度上也有所降低，而将更多的注意力集中于文化知识的学习。其次，互联网等新型媒体也使家庭教育面临困境。对于那些进行筛查能力较差的孩子来说，大量信息无疑会对其产生消极的负面影响。最后，家庭结构越来越简单，家庭关系更为紧密，家庭的凝聚力也就更为集中，这些都有利于学生的成长。挑战并不可怕。对挑战视而不见、对挑战不承认才是可怕的，只会错失良机，影响思想政治教育的效果和声誉，最终错过发展机会。面对挑战，不要惊慌，也不要掉以轻心，我们要化挑战为发展，化挑战为动力。

第二，家庭教育与高等院校思想政治教育联结的互补性。家庭教育具有独特优势。首先，家庭教育的独特优势体现在教育者与受教育者的双向互动中。在家庭教育过程中，在孩子思想品德发展过程中，父母扮演着表达着、组织者、实施者与促进者的角色，发挥着主导作用。父母通过自身的言行举止向孩子展现着自身良好的品德修养与形象，从而成为孩子的榜样，家长自己就是思想政治教育的实施者。当家庭教育与高等院校思想政治教育目的，即相关的教育价值观念不一致时，就会对受教育者产生矛盾和冲突，从而不利于孩子的成长。因此，确保家庭教育和高等院校思想政治教育的一致性有利于个人与社会的发展。家庭教育潜在的育人功能是高等院校思想政治目标的实现的重要途径。在新时期将家庭教育与学校思想政治教育的联结，可以更好地发挥家庭教育的育人功能。

二、家庭教育与思政融合的途径

（一）基于问题的分析

更清楚地了解家庭教育与高等院校思想政治教育联结的问题，可以有效得出更符合实际情况的结论，在更加客观真实的基础上，对两者结合的现状进行分析，来确保对此问题研究的客观性。

1.家庭教育方面的现状

通过调查分析发现，部分大学生与家长之间的沟通频率不高。在交流方式的调查中得知，闲聊式是学生所喜爱的交流方式，这样的方式有利于亲子关系的发展。训话式也是家庭中父母与孩子之间交流的方式之一，而对于训话式，我们需要辩证地看待。如果应用得当同样可以产生和谐的家庭关系，促进学生的成长，起到家庭教育的正面效果；反之，则会产生负面影响。高等院校在对大学生进行思想政治教育的过程中也可以与大学生进行对话、沟通交流，与大学生进行面对面的沟通。在某些情境下，教师也可对学生进行适度的训诫，以此达到教育学生的目的。这都说明，家庭教育和高等院校思想政治教育二者具有联结的可能性。通信工具使信息间交流与传播更为方便、迅捷。网上聊天、视频、打电话都为孩子和父母的交流提供了便利，他们之间交流变得更为频繁，家庭教育的效果也就越凸显。也就是说，学生与家长沟通的频率、方式，以及途径都会影响家庭教育的效果。

家庭教育的内容主要侧重于德育、劳动和美德教育，体育、情商以及智力方面的教育则次之。高等院校思想政治教育也对大学生进行世界观、政治观、人生观、法制观、道德观教育。可知，二者在教育内容上存在着相同的内容，家庭和高等院校可对相同的部分相联结。环境熏陶、说服教育、榜样教育、表扬奖励这四种方法颇得家长喜爱，在高等院校思想政治教育中这四种教育方法也颇受青睐。环境熏陶法位居榜首，这也折射出环境对孩子的成长产生重要影响。环境对人影响的双重性，使我们应当重视对家庭环境和校园环境建设。当前我国大部分的家庭都较重视对孩子进行思想品德方面的教育，也从侧面反映出道德教育在家庭教育中的重要性。

父母都很关心孩子的成长，希望在孩子成长的过程中提供帮助和指导，恰当且正确地引导可以为孩子的成长指引前进的方向，过度的干涉则会产生相反的结果。父母在对孩子进行教育时没有选择合适的教育方法，但学生希望父母选用恰当的方法来教育和引导自己。这从侧面反映出当前的家庭教育存在问题，需要引起我们足够的重视，分析原因并提出可行性建议。

2.高等院校对家庭教育的态度

（1）学生的反映。在问及学生所在学校对家庭教育重视的程度时，从一些学生的反映中可得，部分高等院校没有深刻认识到家庭教育对思想政治教育发展的促进作用。对于思想政治教育课教学内容关注程度，作者通过调查分析得知，学校比较重视学生的思想道德建设，很多学生反映说高等院校经常组织和开展思想政治教育活动，使活动的形式更为多样性，效果更为显著。依据所得数据可得，高等院校使用讲授法、讲授与讨论相结合的比较多。对讨论法、实践法及讲授与实践相结合的方法使用相对较少。可看出，高等院校在进行思想政治教育时方法的使用相对不均衡，丰富方法，拓宽途径是新时期加强思想政治教育发展的方式之一。

（2）高等院校对优秀家庭教育认知、宣传组织情况。高等院校对优秀家庭教育的重视程度和宣传组织情况，应该成为广大研究者充分重视的问题，对于学生的思想政治教育有着深刻的影响。部分高等院校和教师已经意识到家庭教育潜在的育人功能，可以使大学生更好地接受思想道德教育，并在高等院校里开始传播。有些还没有认识到对大学生进行优秀家庭教育的重要意义，没有深入了解到家庭行为习惯的重要影响。因而对相关优秀家风、家教、家训内容的涉及还较少，没有在高等院校里形成传播优秀家庭教育理论的氛围。当前，国家对学生的思想道德品质的要求较高。因此，各个高等院校都加强了高等院校思想政治理论课的规范性与合理性。但是，除了国家所要求的思想政治必修课之外，很少对其优秀家庭教育的内容和课程进行设置。这反映出，有些高等院校没有深入认识到家庭教育潜在的育人功能，没有引起足够的重视。

（3）大学生对思政与家庭融合的认知程度。大部分学生对家庭教育相关课程的开设还是很期待的，并且愿意积极学习相关内容，也希望高等院校可以增加与此相关的教学内容。由此，我们可以相信随着课程的开设，越来越多的同学逐渐认识到家庭教育课程的学习会对他们的成长提供积极的正向作用。此外，在家庭、学校、社会教育重要程度排序，很多高等院校学生将家庭教育排在了前面，说明学生逐渐认识到家庭教育对个人成长的积极推动力。但也有部分大学生对其重要性缺乏高度认识和重视。优秀家庭教育的内容体系完善且经过历史实践的检验，它也是中华优秀传统文化的有益组成，凝结着历史性与现实性，是大学生成长不可或缺的重要方式。通过对问卷调查中数据的分析，可知大部分学生所理解的家庭教育的功能仅仅停留在家庭内部，很多都只是认识到家庭教育对个人成长和发展的影响。同时可以发现，大学生没有深刻认识到优秀家庭教育在新时期促进社会发展的作用。这也就影响了大学生对优秀家庭教育与高等院校思想政治教育联结的认识，无法引导大学生从容面对复杂的突发情况。

（4）家庭与高等院校合作方面。高等院校与家庭之间的沟通次数还不多，这样的状况导致高等院校与家庭教育各自为政。高等院校不能很好地和家庭相联结，对家庭进行有效的指导，家庭教育潜在的育人功能就不能有效发挥，也就无法有效地促进高等院校思想政治教育效果的实现。家庭与高等院校沟通联系方式情况。在问及目前高等院校与家庭沟通所使用的沟通方式有哪些时，从统计结果发现，大多数学校会选择使用电话、短信、现代媒介与家长进行联系，有时候高等院校也会举行面对面交流会（家长会、家访等）或是书面形式的交流。

（5）家庭、校园、社会环境的影响。家庭、校园及社会氛围直接影响着家庭教育效果的实施。良好的家庭环境对促进家庭教育的作用是积极的。在高等院校校园中增添优秀家庭教育的相关元素，会使大学生对家庭教育的认知度得到提高，使他们可以更好地认识到家庭教育的隐形力量。网络的发展，使人们的交流变得更加频繁，多种文化相互交融，逐步形成多样化的价值观。在价值观多元化的今天，为了更好地引导大学生的价值观，使他们形成正确的价值观。

（二）家庭与高校思政教育融合的途径

将时代发展要求、高等院校思想政治发展规律与高等教育学生的发展规律结合起来，找到有效的对策，构建系统良好的家校联结机制，发挥各方面的力量是重中之重。

1. 加强学生的自我教育

学生的自我教育是家校思想政治教育互动联结的中介。目前，高等院校思想政治教育更多地关注教师、学校和社会如何教育学生。将教育效果不好的原因归咎于家庭、高等院校和社会，却忽视了学生主观的原因。但是当代高等院校大学生的自我教育就是需要主动进行自我教育，从思想上对自己进行正确的认识。自我教育的实行可以使大学生重视家庭教育和高等院校思想政治教育，提高思想道德修养。

（1）引导学生正确地认识自我。一个人能正确认识自己并不是件容易的事。在进行自我教育中，教育对象由客体转变为主体，方法由外向内转化，目标也由外在要求转化为自我需求，教育过程和效果也显示出持续性。现实的自我就是正确的自我认识。我们认识自己的方式决定了我们要求自己的高度，更决定了我们行为的方式。大学生只有在正确认识家庭教育和思想政治教育的基础上，才能深入了解家庭和高等院校两者结合的重要性，做沟通家庭和学校的使者。大学生没有积极地理解家庭教育的重要价值，家庭教育将不会成为大学生学习的重要内容，而且不利于实现两者的有效融合。有相当大的一部分大学生认为，步入高等院校生活的他们有一定的能力去生活，不需要事事向父母报告。但也有大学生初入校园，对事物的看法不够客观、全面，考虑问题较简单，极容易被事物的错觉所迷惑。因此，在大多数问题上还需要父母给予帮助和指导，也就是说，家庭教育的指导作用对大学生的成长起着重要作用。因此，高等院校不仅要对家庭教育进行指导，促使其教育目的和学校保持一致，还要引导大学生主动学习优秀家庭教育的相关知识，发挥大学生教育主体的作用。

（2）引导学生积极的自我践行。自我践行的关键就是加强与父母的沟通交流。沟通交流是彼此化解矛盾的有效方式，家庭冲突通常是由于彼此之间缺乏沟通造成的。双方之间又不知如何化解矛盾而导致关系僵化。接受新时期教育的孩子比父母懂得多，当家长给他们提出建议时，他们有时会觉得父母的思想有些陈旧，与他们的想法不相容，不愿意听也不想听下去。其实，我们可以将父母的意见听完，再用委婉的方式指出其中的不足，发表自己的意见和建议，这样的处理方式有利于矛盾的化解，更有利于家庭和睦。大学生要以自己的实际行动做家校联结的使者，发挥家庭、高等院校的思想育人作用。自我践行需要学生积极主动参加自我教育实践活动，即积极地与父母进行沟通交流，向家长传达家校联结的重要性，作家校互动联结的桥梁。

2.家庭教育中融入思政教育

（1）家庭应提升思想政治教育水平。家庭教育是最初的教育。家庭教育的成效对个人健康成长和社会持续发展具有关键作用。因此，父母要发挥榜样力量，做子女的好家长。家庭教育也是一个平等交往的过程，父母和孩子都是家庭中的成员。孩子也是独立个体，他们需要父母的尊重和理解。家庭教育更是一种终身的持续不断的学习和可持续发展的过程。家长在不同时期需要对孩子实施不同方式的教育，要在注重孩子身心发展规律的基础上进行教育，同时也需要以社会背景为基础对孩子进行教育。家庭教育并不仅仅是对孩子进行的某一阶段的教育，也是一种终身持续的教育，它贯穿于孩子成长的每一个阶段，对孩子的成长有着深远持久的影响。父母的知识水平和道德修养直接影响家庭教育的效果。大多数情况下，知识储量、修养较高的父母就较为重视孩子的教育，会选择正确的方式方法对孩子进行教育，教育效果也就比较好些。知识修养较高的家长，一般会拥有较为广泛的兴趣爱好，对文化知识、道德素质的作用也较看重。同时，他们重视家庭环境的营造，家庭关系的和谐，储备较多的思想教育知识，从思想道德方面对孩子进行教育，将对孩子的成长起到积极地促进作用。因此，丰富家长思想教育知识，提升思想道德修养不仅是社会对家长提出的要求，也是新时期家庭思想政治教育创新发展的需要和培养未来接班人的需要。

（2）重视发挥家庭教育的基础作用。随着时代的进步，历史性与现实性统一的家庭教育也在发展变化着，家庭教育的理念也在漫长的历史演进中与时俱进，并形成了具有时代特征的家庭教育新观念。家庭教育理念的创新，成为新时期家庭教育打开新局面的题眼。提高家庭思想政治教育意识从以下两方面入手，一是发挥高等院校教师的示范作用。每个大学生都会不同程度地存在向师性，他们将老师作为学习和模仿的对象。教师对家庭教育的认知程度会潜移默化地影响大学生对家庭教育的认识。二是发挥大学生榜样作用。榜样源于生活，也就具有生活化特征。以先进的同伴进行教育是非常有效的，这些先进的大学生就在他们身边，这些大学生对家庭教育的认知程度在一定程度上也会影响周围同学的认知。只有认识到家庭教育与实现理想和未来的关系，才可以激发大学生的好奇心，变成一种对学习的兴趣。这种强烈的内在动力将促使大学生加深他们对家庭思想政治教育的认同。

3.高等院校积极进行家校互动

高等院校是对学生生活、学习的主要场所。所以，其思想政治教育应当有与家庭教育进行衔接的意识，在强化家庭教育指导、深化家庭教育理论研究的同时重视优良家风、家教等内容的宣传，有效地组织学生实践活动。高等院校不仅承担着育人的主要任务，还是思想意识形态工作的主阵地，因而高等院校必须将时代发展、社会需求和大学生发展需要相结合，并以家庭教育为新的触点，不断突破，继续发展，切实完成好高等院校对促进大学生思想政治提高的任务。

（1）多种家校互动的方式。

第一，以课堂为载体加强师生间的教育联结。在时代前进的过程中，课堂教学的方法也在不断与时俱进。以往一度盛行的"灌输法"遭到了大学生的抵制，在新的时代背景下，要以大学生喜爱的方式来进行教学。在教育孩子时，可以使用一些故事、警句等来讲述深奥难懂的道理，使这些难以理解的言语入耳入心。浅显的语言、平白易懂的特点，使其愿意从心理上接受。高等院校应在课堂、教材、大学生思想等方面积极开展家庭教育工作，根据学生的特点，采取分阶段的家庭教育方式，将大学生的教育全过程联系起来。在课堂教学的过程中，教师可以向大学生讲解一些家教、家风、家训的名言警句或是经典故事，从思想意识方面对大学生进行思想道德性教育，发挥高等院校思想育人作用，从而达到教育大学生的目的，使其思想符合社会主义社会的发展。

第二，以实践活动为载体笃实学生的教育践行。实践教学至关重要，大学生接触的书本知识最多，因此高等院校思想政治教育应坚持理论与实践相结合的原则。以高等院校为主阵地，以大学生为主体，以家庭教育有关的经典故事为题材开展校园文化活动来传播优秀家庭教育思想，营造传播优秀家风、家训文化的氛围，使他们在高等院校活动中感受到优秀家庭教育的潜在育人作用，感受到优秀家庭教育的魅力。也可以定期组织大学生观看经典纪录片，让大学生了解他们的事迹与家庭，促使大学生感受到教育对人成长的作用，增强大学生对家庭教育重要性的认识。

第三，以社交网络为载体强化教育实效。网络已然成为交流的主要手段，网络技能的学习也就自然成为每个大学生的"必修课"。在网络文化快速发展的时代，各种新型媒介层出不穷。作为积极思考的学生，容易接受新事物。家庭教育与高等院校思想政治教育之间的纽带，不仅要对优秀家风家训学习常态化，而且要重视大众传媒在家庭教育和学校教育过程中的重大价值。高等院校可以将强大的社交网络作为载体，以现代通信工具向大学生推荐家风、家教、家训、思想政治教育、社会主义核心价值观等方面的小故事，从细微处着手进行思想道德性传播。高等院校也可以从校园广播、校园文化墙、校园主题网站等方面着手进行宣传，起到育人作用。社会可以从源头做起，严格检查作品和节目的质量，使报刊、电视广播、节目等媒体端正态度，传播正能量。如通过网络，我们可以建立典型的校园和社会，引导良好的风尚。在开展思想政治教育的过程中，必须重视树立典型榜样，充分发挥高等院校和社会在突出要素中的作用。充分发挥网络教育的作用，宣传网络典型故事，努力营造学习和争创优秀人物的良好氛围。

第四，以优秀传统文化为载体，挖掘教育题材。家庭思想道德教育的发展应当在继承优秀传统教育文化的基础上，传承优秀且经典的家庭教育文化，营造尊重、重视优秀文化的氛围，重视对优秀家庭教育知识的传播。优秀的家风也能够改善社会不良风气，推动社会向好的方面发展。相关的组织机构可以将春节、清明、端午、中秋、国庆等优秀传统节日作为载体，以社会主义核心价值观为主旋律，也可以利用国家的教育场所，面向全社会开展宣传教育活动，将理论知识的宣传转化为具体的实践活动，更好地完善社会育人结构，为家校育人提供保障。

（2）高等院校的引领和融入。

在我国教育发展进程中，创作了一批优秀的家庭教育书籍。一些文人学者或是祖辈，根据自己家庭教育的实际经验，撰写成"家风、家训"传给后代。但是这些都不同程度地带有阶级性、历史局限性，如今家庭教育的继续发展也面临着新挑战。在党和国家的号召下，家庭教育已经逐渐得到了重视，但是仍然缺乏较为科学且适应时代的理论指导。

首先，高等院校要以提高学生思想道德素质为目的，将优秀家庭教育中的经典故事和情节故事整合起来，编写出有利于大学生成长的优秀家庭思想政治教育材料。

其次，要深化对优秀家风、家训课程的建设。优秀家风、家训课程有助于大学生身心发展。高等院校可以在思想政治教育课程设置的过程中兼顾优秀家风、家训课程的设置，这样有助于大学生吸取优秀传统文化知识，从思想道德方面对学生进行教化。

最后，高等院校可以利用高等院校自身的优势成立家庭教育思想政治理论宣讲团，普及家庭教育的基础知识，科学且实用的家庭教育方法，助力家庭建设，持续燃起家校思想政治教育明灯，强化家校思想育人效果。

4. 国家的有力保障

家庭教育对大学生思想道德素质和心理健康状况有着重要影响，合理利用家庭思想教育的力量，点亮家庭思想教育的明灯，不仅可以发挥家庭潜在的育人作用，也是提升高等院校思想政治教育效果的必然要求。虽然，我国之前也对家庭和高等院校融合方面出台了相关的政策措施，但并不具有约束力，自然也就无法推动家庭和高等院校的衔接。因而，国家当出台相关的法规制度为家庭教育与高等院校思想政治教育的联结中提供制度和机制保障，为家校联结的高等院校思想政治教育新格局保驾护航。

（1）相关法规制度建设是制度保障。教育体系的完善需要家庭教育立法的支持，需要国家以相关的法律法规为依据，从法律的角度确定家庭教育的地位，为家庭和高等院校更好地融合提供法律保证，切实保障家庭和高等院校的教育权益。我国可以借鉴国外相关经验，在充分考虑我国现实情况下，在全国进行调研，从法律上规定学生、家长、教师、高等院校在对学生管理中的权利与义务，使家庭教育与高等院校思想政治教育有效融合。

（2）家校互动需要国家提供新机制。机制建设可以促进家庭教育良性发展。在将家庭教育与高等院校思想政治教学联结过程中时，国家应当建设系统的合作机制来保障家庭教育与高等院校思想政治教育的联结。其一，建立领导机制。推动党委、党政工作统一领导，集中共管，专、兼职相结合，相关部门各负其责，全社会共同参与。在强有力的支持和配合下，为家校思想政治教育培养专业的研究队伍。在校园进行调研的前提下，依据大学生和高等院校的具体情况制订出符合本校实际情况的联结计划，并确保计划的有效性。其二，建立调控机制。不仅包括加强配套资金设备保障机制，加强对课堂家庭思想政治教学和相关科学研究的介入，以及加强对家庭教育类相关图书资源与电子阅读设备的数量。还包括持续健全激励机制，制定明确的政策，吸引优秀人才参与家庭教育研究学习，充分调动他们的积极性。同时，要建立和完善协调机制，协调各学科之间的关系，形成教育合力。所有教师应强化对家庭教育相关知识的储备，结合课程实际在课堂上对大学生传输优秀家庭教育的思想。此外，作为班级大家长的辅导员负责班集体的日常管理工作，辅导员的个人修养与为人处世都深刻影响着大学生。因此，提升辅导员教育的素质，可以对大学生起到正面作用。

第三节　高校思想政治教育与社会实践教育的结合

一、社会实践与思想政治教育融合的意义

在社会实践这场思政大课堂中，加深大学生对"国家兴亡、匹夫有责"的理解，感受人民群众实现共同富裕后发自内心的喜悦和感恩，体会脱贫攻坚的不易，领会乡村振兴国家战略的伟大意义，与祖国同频共振，坚定要在祖国最需要的地方建功立业的信心，展现

新时代青年大学生的责任担当。

（一）丰富思想政治教育的新内涵

社会实践活动是大学生思想政治教育的重要平台之一，有利于大学生开阔眼界、增长见识，服务国家，回馈社会，磨砺品格，敢于担当，善于作为，增强社会责任感。因此，作为第一课堂思政教育的有益补充，社会实践活动能为大学生思想政治教育注入新的内涵。

（二）运用平等交流的教育方式

大学生对社会实践活动能够认同和喜爱与它具有的突出优势密不可分。第一，这是一个平等主体交流的舞台。参与社会实践活动不因身份和学习成绩好坏而有所限制，只需要付出真心和时间，保持对活动的专注即可。第二，这是一个自由交流的轻松场所。这里没有教师的权威言论和理论说教，大学生凭借兴趣和自身需要选择中意的社会实践活动，彼此坦诚相待，自由交流，求同存异，分享新知，收获快乐。第三，这是一个检验自我成长的地方。大学生在社会实践活动中可以认识社会，结交朋友，发现自己的优点和不足，收获成长的快乐和幸福。第四，这是一个实践出真知的平台。大学生依据社会的需要和个人的偏好参加形式多样且充满挑战和吸引力的社会实践活动，锻炼能力，提升本领，增长见识。可见，社会实践活动融入思政教育将获得事半功倍的效果。

二、拓展实践育人平台的宽度和广度

（一）增强大学生历史使命认知力

社会实践活动要立足更加广阔的社会场景，以人民为中心，心系人民、讴歌人民。只有充分领略祖国的大好河山和风土人情，才能体会到家国情怀，认清国家发展的重大历史机遇和面临的各种困难挑战，增强成为中国特色社会主义可靠接班人的历史使命认知力。

开展以环境保护为主题的社会实践活动，倡导绿色文化实践教育。大学生在社会实践中能够不断提升理论联系实际的能力，做到学以致用，肩负更多的社会责任，培养艰苦朴素、勤俭阳光的绿色消费行为，以实际行动践行习近平总书记的"两山"理论。

（二）增强大学生的社会责任感

"三支一扶"、人口普查等是当下大学生社会实践活动的主要形式，相对比较单一和枯燥，缺乏创新。虽然在这些活动中，大学生的组织协调、团队合作、口头表达等各项能力也会获得提升，但对于担当新时代中华民族伟大复兴重任的青年大学生来说，还有很长的路要走，有很多的河要淌。伴随全球经济一体化发展和科技文化竞争越来越激烈，国家和社会对青年大学生综合能力的要求也逐渐提高。因此，尽可能给大学生提供更多的社会实践机会，提升他们奋斗的内驱力。

具体而言，可以结合党史教育和高校实际，开启一堂"行走的思政课"，让学生亲身感受多样化社会实践的魅力。比如，可以组建大学生乡村振兴社会实践团走进当地的特色乡镇，感受社会主义新农村建设的丰硕成果；可以到现代化智慧农业产业园参观和学习；还可以到乡村特色农产品电商直播间现场体验"直播带货"，亲身感受国家科技发展助力乡村振兴的成果，激励学生坚定永远跟党走的信念，将获取的养分化作实践观察的动力，投身于乡村振兴的布斗之中。

（三）建立大学生社会实践育人共同体

《关于加强和改进新形势下高校思想政治工作的意见》（以下简称《意见》）强调，要强化社会实践育人，组织师生参加社会实践活动，完善科教融合、校企联合等协同育人模式，加强实践教学基地建设。因此，建立高校与政府部门、社会非营利机构、街道社区、公司、律师事务所等社会实务部门联动育人培养机制十分必要。这种机制可以提供多元化实践锻炼平台，推动高校与社会实务部门形成大学生社会实践育人共同体，与企事业单位开启学生联合培养模式等方式，大力推进创新型、复合型人才培养力度。这一工作机制的建立还为高校、政府等社会实务部门联合建立教学社会实践基地提供了重要的顶层设计，为社会实务部门承担高校大学生人才培养任务提供了重要的机制保障，将有助于提高社会实务部门投身高等教育的积极性，开启大学生社会实践全员育人的新格局。

社会实践活动就是要通过隐性教育功能，潜移默化地将社会主义核心价值观等主流思想植入大学生的脑海，发挥润物细无声的涵育作用，坚定他们社会责任的意志力。

第五章

新时代高校大学生思想政治教育的实效性分析

第一节　新时代增强大学生思想政治教育实效性分析

一、大学生思想政治教育实效性的科学内涵

思想政治教育实效性是一个发展中的概念，其内涵也有一个逐渐丰富的过程。以往，研究者多是在结果的意义上理解实效性内涵的，认为它是在一定的历史条件下，大学生思想政治教育产生与出现正向结果的效能属性，主要表现为大学生思想政治教育活动对其预设目标的实现程度；在评价大学生思想政治教育的实效性时，既要考察其达到思想政治教育者、社会所期望的教育目标的程度，也要考察其满足大学生成才内在需要的程度，还有人认为，思想政治教育实效性是思想政治教育效果、效益和效率的有机统一，依据思想政治教育效果、效益、效率三个维度去把握思想政治教育实效性的内涵及其评价标准。也有学者认为，思想政治教育工作的实效性在本质上包括思想政治教育工作内容的实效性评价、思想政治教育工作过程和绩效的评价、思想政治教育工作系统的实效性评价。沈壮海在其著作《思想政治教育实效性研究》中，以思想政治教育活动的实际展开为序，分析了思想政治教育要素的实效性；从思想政治教育过程的内在结构及其运作的角度揭示了思想政治教育过程的实效性；从思想政治教育结果的教育性、个体需要以及社会需要满足性等层面探讨了思想政治教育结果的实效性，并把思想政治教育实效性理解为思想政治教育客体满足主体需要的价值关系，得到了学界普遍认同。如何在马克思主义理论学科的整体性视野中解决大学生思想政治教育整体的实效性问题，包括理论、实践、机制的整体性建构，还有大量的未知领域需要探索。

要增强大学生思想政治教育的实效性，必须准确把握思想政治教育实效性的科学内

涵，而把握思想政治教育实效性的科学内涵，首先要弄清思想政治教育和实效性这两个基本概念。

思想政治教育泛指人类所有阶级社会共有的从思想政治品德上培养教育人的活动，即社会或社会群体用一定的思想观念、政治观点、道德规范，对其成员施加有目的、有计划、有组织的影响，使他们形成符合一定社会或一定阶级所需要的思想品德的社会实践活动。特指无产阶级从思想政治品德上培养教育人的活动。

实效性作为一种价值属性的体现，是指特定实践活动及其结果所具有的相应特性，且这种特性又是实践活动及其结果在与相应价值主体构成的价值关系，即对相应主体需要的满足关系中所表现出来的。离开了实践活动及其结果的特定属性，实效性便没有了得以确立的根基；离开了特定的价值关系，实效性也同样无从谈起。因而，大学生思想政治教育实效性则是指在一定的时空条件下，在大学生思想政治教育实践中产生效力和效用的特征，也指大学生思想政治教育产生与出现正向结果的效能属性，主要表现为大学生思想政治教育活动对其预设目标的实现程度，其教育内容对大学生思想观念影响的深刻性、持久性，以及对大学生思想意识判别、选择、理解力等诸方面所产生的强化作用。

因此，在衡量大学生思想政治教育的实效性时，我们既要考察其达到思想政治教育者、社会所期望的教育目的程度，也要考察其符合满足大学生成才内在需要的程度，使目的性和需要性相统一。

二、大学生思想政治教育实效性不足的原因

学界较为认同以思想政治教育活动的实际展开为序，从教育者、教育对象、教育目的、教育内容、教育方法、教育情境六要素分析思想政治教育的实效性。以此观之，大学生思想政治教育实效性不足的原因可概括为如下几个方面。

（一）思想政治教育队伍建设相对滞后

首先是少数思想政治教育工作者基本素质偏低。有的人业务素质不高，"没能及时把握当前大学生的思想状况"；有的人思想政治素质偏低，"少数教师不能做到教书育人、为人师表"，甚至于"宣扬道德的不讲道德"，"提倡纪律的不守纪律"。可想而知，这种"负面示范效应"必然会对受教育者造成消极的影响。

其次是思想政治理论课教师队伍难以胜任教学需求。在不少高校，思想政治理论课教师队伍存在结构性缺陷。个人发展得比较好的往往会被抽走担任专业课的教学，或把主

要精力放在担任专业课教学上，而优秀的专业课教师却极少被安排担任思想政治理论课的教学。而承担教学任务的党政干部、辅导员往往力不从心，他们不仅工作较忙，而且缺少专业基础知识的学习，很难使这门课收到较好的效果。

最后是思想政治教育专职队伍职业化水平难以适应其职责要求。长期以来，思想政治教育工作岗位地位不高、待遇偏低，专职队伍严重存在思想不稳、用心不专的现象，许多人把这个岗位当作跳板，抱有临时思想，根本就没有把思想政治教育作为科学来对待，也没有打算以此为职业。即便如此，很多人还被大量事务性工作纠缠，难以真正沉下心来进行深入细致的思想政治教育。

（二）大学生思想政治教育理念存在偏差

在思想政治教育活动中，大学生作为教育对象是思想政治教育客体与主体双重身份的统一体。但是，大学生在思想政治教育问题上不如智育和体育那样有明确的接受意愿，缺乏作为接受主体参与、配合相关活动的自觉意识，以及自主地选择、评判、践履思想政治教育内容的自觉意识。思想政治教育的成效不仅取决于教育过程的主体的努力程度，在很大程度上也取决于被教育者有没有主观愿望。

首先是对大学生思想政治教育定位的偏颇。"将德育从整个教育体系中划离开来，与智、体、美、劳诸育孤立开来，仅着眼于德育本身而谋求德育的加强"，这种德育定位观必然会相应地导致其他德育教师育人观念、德育职责意识的弱化，"在客观上会导致将更多的德育责任寄托在育德的专门课程上"，限制了其他学科的育德功能。

其次是对大学生思想政治教育功能认识的偏差。不少人片面强调思想政治教育的社会功能，"片面强调社会价值，忽视甚至否定个人价值"，"过多强调教育者的主体性，忽视甚至抹杀受教育者的主体性"，在思想政治教育实效性的四种价值关系中，人们往往更多关注思想政治教育实效性所具有的"社会需要满足性"和教育结果的"合目的性"，而忽视教育结果的"个体需求满足性"和促进思想政治教育可持续发展的"合发展性"。

有人还认为，大学生思想政治教育在理念上存在着明显的泛政治化倾向，"将思想政治教育片面理解为政治教育"，"用政治教育代替思想教育和道德教育，导致现实教育中，政治教育冠以德育的全貌"，"德育目标高深、单一和失衡"，"德育内容从属政治形势的需要，抽象和摇摆不定"，"德育途径追求目标各异，形不成合力"，"德育方法和评价单一，可操作性差"，从而使真正的道德教育似乎"走向了空乏和虚无"。

（三）大学生思想政治教育实际运行不畅

首先是功利化倾向。长期以来，日常思想政治教育被视作"万金油"，社会需要什么就抓什么，甚至扮演"消防队"角色，"忽视了德育的本性——对人及人性提升的关注"，"缺乏循序渐进、层次递进性的教育引导工作"，致使思想政治教育步入误区。

其次是游离化倾向。思想政治教育与学校教育的其他环节脱节，与其他各育相割裂，使得大学生思想政治教育游离于其他教育实践和学生的生活之外。即使思想政治教育本身，也存在着大学生日常思想政治教育与思想政治理论课教学工作不能相互配合，各自为政的"两张皮"现象，"这一问题严重地阻碍了高校思想政治教育形成整体合力，却又很难得到根本性的解决"。

再次是智育化倾向。在思想政治理论课教学中，仍沿袭用试卷来检验思想政治教育效果的方法，知识考试与品行考评"脱节"。这种智育化倾向导致在实践中出现一些学生政治理论考分很高而实际政治表现极差的现象，不少学生形成了说是一套做是一套或当面一套背后一套的"双重人格"。

又次是强制化倾向。有人指出，目前大学生思想政治教育的方法很多，"其根本特征就是强制"。还有人指出，大学生思想政治教育的开展，在说服教育理论上完全泛化，其常见表现就是以控制受教育者理解而不是帮助其理解为出发点，从而成为片面的"病理性说服""控制性说服"，只能取得暂时的效果，当大学生面向现实时，会"使我们尝到逆反效果与负效果的苦头，它加剧了德育的困境"。

最后是形式化倾向。有学者指出："德育方法上的问题主要是形式化、简单化而不甚讲求实效，习惯于通过课堂教学灌输政治与道德知识，因而不断增加政治课、德育课的门数，而不善于寓德育于人文、社会以及自然学科课程的教学之中；习惯于虚张声势，而不善于做深入细致、有针对性的思想工作；习惯于通过批评、禁止等行政管理手段来规范学生的行为，而不善于形成集体舆论、文化气氛对学生进行熏陶；习惯于居高临下从社会的需要对学生提出种种要求，而不善于从学生的角度进行心理分析，以心理咨询的方法引导学生。"

（四）大学生思想政治教育内容存在缺失

有学者指出，我们目前的思想政治教育在内容上还没有形成一套科学化、系统化、规范化的内容体系。教育内容不同程度地存在着脱离学生实际、脱离社会生活实际的现象。具体表现为：

首先是内容设计过于理想化。以往的思想政治教育内容存在过高、过急的超现实的理想化要求，超越了社会发展阶段青少年的身心发展水平，使得教育内容缺乏现实生活根基和现实人性基础，从而使教育流于表面和形式，变成空洞的说教和被动的接受。"普遍性社会基础的缺乏，就必然导致悖愿效应。"

其次是缺乏稳定性和时代感。大学生思想政治教育的内容有时变换的频率过快，常常是"计划不如变化"，一些基本的理论观点和科学认识事物的方法没有贯穿于教育内容的始终，这就势必导致教育内容的零碎和肤浅，失去了科学的理论前提和厚实的思想根基，缺乏应有的深度和力度。有的内容则过于陈旧，某些具有时代感的道德观念（如效益、平等、公正、竞争等）不能适时得到认可、宣扬。

最后是缺乏层次性。忽视按人的思想基础、道德水准、文化程度、接受能力、社会经历等区分不同的教育内容，并分阶段、分层次实施教育，从小学到中学、大学，教育内容没有形成一个层递性的序列，常常出现重复、混乱甚至颠倒的现象，缺乏相互之间的整体联系，如对小学生进行共产主义教育，对大学生进行基础行为规范教育，从而违背了思想政治教育的基本规律，也违背了学生心理的发展规律，削弱了学生对教育内容的接受度。

（五）大学生思想政治教育与社会环境不相适应

研究认为，思想政治教育所处的现代化、市场化、全球化环境，对高校德育目标的确立和对一些思想政治理论问题的解释提出了挑战，使人们"对许多重要的（不是一切的）社会行为难以做出准确的道德判断"，从而导致"在实际上而不是在文字上难以确立高等学校的德育目标"，"在德育实践上不能理直气壮地解释或解决实际问题"。对于这种新的社会环境，大学生思想政治教育尚有诸多的不适应。

有学者认为，思想政治教育与环境影响向度偏差大，思想政治教育的积极因素、社会的各种进步因素都有利于促进大学生的优良品质的形成；而现实生活中各种消极的因素和不当教育所产生的消极效应，在很大程度上抵消或削弱了前者的积极效应。需要引导、组织和协调各方面教育力量，增强思想政治教育的整体实效性。

三、增强大学生思想政治教育实效性的方式

以对大学生思想政治教育所面临的客观环境和实际工作对象的变化与特点的分析为基础，学界从不同学科、不同方面对如何加强和改进大学生思想政治教育，增强大学生思想政治教育的实效性这一问题进行了多视角分析。

第一，加强大学生思想政治教育队伍建设。有学者指出，加强大学生思想政治教育队伍建设，关键要用"学科意识"统摄思想政治理论课教学与日常思想政治教育两个"工作面"，保持思想政治教育的理论教学与实践教学的内在统一性；用"学科体制"理顺思想政治教育的领导管理体制，把日常思想政治教育与教学工作"统管"起来；培养"学科人才"，使高校思想政治教育两支队伍的人们成为"一种人"——"学科人才"，以最终解决"两张皮"的问题。

第二，激发大学生的接受主体意识。作为思想政治教育的中心范畴，思想政治教育主体与客体及其相互关系直接影响着思想政治教育的实效性。强化主体的主体性是增强思想政治教育实效性的前提；强化客体的主体性是增强思想政治教育实效性的关键；主体与客体的和谐互动是增强思想政治教育实效性的核心动力。所以，必须注重培养大学生的主体意识和道德意志，激发大学生的主体接受意愿、合理欲望和动机，引导大学生进行自我教育。

第三，树立大学生思想政治教育整体实效性理念。有学者指出，根据当代中国社会发展对人才素质的新要求及当代大学生成长发展的新特点，当代高校德育应该确立鲜明的整体性理念。整体性理念支配下的当代高校德育，在目标指向上，着眼于学生思想道德素质的整体提升；在实施途径上，着眼于学校主导作用与社会影响作用的整体发挥；在实践模式上，着眼于学校各种育人资源的全面开掘。与整体性理念的确立相一致，走向整体性，是21世纪新阶段高校德育发展的必由之路。

第四，改进思想政治教育的方式方法。研究认为，现代思想政治教育的方法呈现三大发展趋势：一是分化和综合相统一的发展趋势，思想政治教育既向各个不同领域深入，又与相关学科结合；二是思想政治教育方法的社会化发展趋势，消除教育者与受教育者之间存在的不平等现象，发展自我教育、自我修养，避免教育的强制性，使思想政治教育成为人们共同关心和参与的活动；三是思想政治教育手段现代化的发展趋势，包括思想政治教育信息调查、收集、处理、传播、反馈、评估手段的现代化，思想政治教育环境建设、优化手段的现代化等。思想政治教育只要有效地综合运用现代化手段，就会改变思想政治教育的面貌，创造新的教育感化力量和富有时代气息的育人环境。

第五，科学建构思想政治教育内容体系。研究认为，思想政治教育内容是一种结构性存在，是由思想政治教育的基础性内容、主导性内容和拓展性内容组成的一个结构体系。基础性内容是体现社会对个体思想政治品德的基本要求的内容，主要包括以传统美德教育、公民道德教育、爱国主义教育和艰苦奋斗精神教育等为代表的内容系列；主导性内容是突出教育的先进性、方向性、超前性的内容，主要包括以思想理论教育、理想信念教育、民族精神教育和社会主义荣辱观教育等为代表的内容系列；拓展性内容是根据时代变化和社会发展及时调整、充实、更新的内容，包括以诚实守信教育、心理健康教育、创新精神教育、生态道德教育和国防意识教育等为代表的内容系列。在构建思想政治教育内容结构体系的过程中，要巩固基础性内容，强化主导性内容，拓展时代性内容。

第六，努力营造大学生思想政治教育工作的良好社会环境。一是以科学发展观为指导，构建全新的学生发展观，其核心是把以学生为本作为基本原则，把学生的全面发展作为根本目标，努力促进大学生思想政治教育的理念、机制、政策等全面而深刻地转型。二是建立大学生思想道德发展所急需的强有力的社会支持体系，由家庭、学校、社区、社团和政府等方面构成通力合作体，来关爱和支持大学生的思想道德培养。三是加强社会文化建设，营造能够感受理想和信念的精神家园，建立一种多层次的社会文化体系以满足大学生的价值和心理需求，最终建立一种对大学生群体具有明确导向作用的社会文化形态。

第七，增强思想政治理论课教学的实效性。研究表明，作为大学生思想政治教育的主渠道，思想政治理论课目前存在的突出问题是教学与实际（学生思想实际、专业实际和社会发展实际）相脱节。增强思想政治理论课教学的实效性，必须牢牢把握思想政治理论课程的思想性，在贴近实际上下功夫，在"话语系统转换"上下功夫，在"创新教学方法"上下功夫。

第八，牢牢把握网络思想政治教育主动权。中央指出，要"主动占领网络思想政治教育新阵地，牢牢把握网络思想政治教育主动权，积极开展生动活泼的网络思想政治教育活动，形成网络思想政治教育工作体系，形成网上网下思想政治教育的合力"。高等学校应本着"积极发展，充分运用，加强管理，趋利避害，发挥优势，主动出击"的方针，一要健全思想政治工作网络领导体制，加强信息网络基础设施建设，营造思想政治工作网络的良好运行环境；二要规范管理，优化队伍，讲求方法，确保网络信息的安全、准确和可靠，增强网络思想政治工作的实效性和影响力；三要整合力量，齐抓共管，主动作为，抢占网络思想政治工作的制高点。

第二节　大学生思想政治教育实效性的实现途径

随着我国改革开放的全面深入，思想文化交流日益频繁，在这样的经济、政治、文化和技术等社会背景下，大学生的思想不断受到多方面的复杂的影响，因而，高校思想政治教育必须切实进行变革以适应新形势的要求，要不断增强大学生思想政治教育的吸引力、感染力和实效性。

一、大学生思想政治教育实效性的影响因素

（一）社会消极思想文化因素

当今世界政治多极化、经济全球化、文化多元化的发展趋势以及我国的经济社会发展特点共同形成的现实社会基本特征，对当代大学生这一成长中的社会群体带来巨大影响，高校思想政治教育面临更加复杂和开放的社会环境。首先，随着社会主义市场经济体制的建立，我国社会经济成分、利益分配、组织形式、就业方式以及人们生活方式日益多样化，人们的选择性、多变性和差异性日益增强，人们对现实政策的评判、对社会与个人前途的期望，也会随之发生巨大的变化。大学生是一个极易受外界影响的群体，对市场经济的负面作用分辨能力不强，价值观念中的趋利性比较明显。其次，随着我国对外开放的不断扩大和经济全球化进程的日益加深，各种思想文化相互激荡和资本主义意识形态大肆渗透，对处于具有强烈好奇心理和一定逆反心理年龄阶段的大学生产生了极其复杂的影响，使大学生的价值观念趋向于现实与功利；国内封建迷信思想也沉渣泛起，蛊惑与毒害广大大学生的思想与灵魂。这些消极影响在当代大学生思想中，主要体现为政治心理的不成熟和对传统道德观念的消解作用。

（二）思想政治教育观念因素

在对大学生进行思想政治教育的过程中，人们必须要对思想政治教育的对象、内容、价值、地位和如何实施等一系列问题进行理性的思考，并形成科学正确的观念。只有对这些问题有了正确的认识，形成了正确的观念，才能够科学有效地开展大学生思想政治教育活动。如果形成了错误的观念，高校思想政治教育的地位只会削弱，大学生思想政治教育的作用只会降低，大学生思想政治教育的实效只会丧失。每一次高校思想政治教育实效的丧失，总伴随着社会时代精神的低迷。观念意识是实践的先导，开展高校思想政治教育实践，必须有科学正确的思想政治教育观念。

（三）思想政治教育工作者素质因素

高校思想政治教育工作者是指高校思想政治教育工作的领导者、管理者与实施者。他们的工作方法、原则、能力、态度和理论水平直接关系到大学生思想政治教育的成败。也就是说高校思想政治教育工作者的素质关系到大学生思想政治教育的实效。高校思想政治教育工作主体的素质，包括思想道德素质、政治素质、业务素质、文化素质、身体素质，直接决定了他们对于高校思想政治教育的目的、任务的正确认识，对高校思想政治教育规律的掌握，对高校思想政治教育责任的承担，对科学工作方法的运用，对高校思想政治教育对象的尊重与关爱，对高校思想政治教育精力的投入。这一切恰恰是实现高校思想政治教育实效的必备条件。

（四）大学生自身的价值观念因素

大学生思想政治教育过程实际上是高校思想政治教育者与教育对象之间信息互换和互动的过程。这一过程优化的结果，实际上也是高校思想政治教育实效实现的结果，就是教育对象接受并认同了思想政治教育者所传输的科学、正确的信息；或是教育对象通过受教育而提高了道德接受能力，从而能够自觉地摒弃各种错误甚至反动信息。这个优化过程的条件：一是思想政治教育者所要传输的信息必是先进和科学的；二是教育对象本身所具备的人生价值观念必须是积极的和进步的。大学生思想政治教育是一项特殊的社会实践活动，其特殊性在于教育对象同样具有主体性，在思想政治教育实践活动中，大学生往往根据自身所具备的人生价值观念对教育者传输的信息进行选择、评判、认同、接受，或者因为自身价值观念的迷失而产生抵触情绪与逆反心理，从而引起对思想理论的拒绝和教育结果的背离。忽略教育对象本身所具备的人生价值观念的思想政治教育实践必然缺乏针对性，很难体现实效性。

（五）思想政治教育方法的整合性因素

思想政治教育方法，就是为了实现教育目标、传递教育内容，是教育者对受教育者所采取的思想方法和工作方法。长期以来，经过广大思想政治教育者的共同研究和探索，思想政治教育形成了一系列方法，比如，灌输法、疏导法、激励法、自我养成教育法、心理咨询方法等。但在思想政治教育实践中，思想政治教育方法没有进行有机整合，结果造成在对一种方法进行肯定时，则对其对应的方法进行简单的否定；在批判某种方法不足的时候，结果造成对该方法的全盘否定。因此，在大学生思想政治教育中，问题不在于坚持和采用了多少与什么样的教育方法，关键在于能否发挥教育者和教育对象的主体性，能否将所坚持和采用的方法有机整合起来。

（六）思想政治教育实效性的不确定性因素

从思想政治教育实效性的存在方式看，思想政治教育的实效性往往体现为显性效果与潜在效果同有，直接性与间接性并存，而间接、潜在的思想政治教育效果向显性效果的转换，其界限和时机是不确定的，因此，思想政治教育的实效性表现为一种不确定性的存在；从思想政治教育实效性的产生方式看，思想政治的"教育"与"效果"之间并非总能一一对应地及时体现出来，往往因果关系错综复杂，因此，思想政治教育的实效性表现为一种不确定性的发生；从思想政治教育实效性的程度看，思想政治教育的实效性体现为一个为渐次递进的效果区间，这个区间的下限是受教育者认同接受了教育者所传授的基本观点和相应知识，其上限表现为受教育者对这种思想政治观点所包含的世界观、人生观、价值观在行为上的自觉实践。因此，高校思想政治教育的实效性对大学生个体而言，是一个"效果区间"，而不是某一固定点，其实效性是流动的，也是不确定的。

二、新时代高校大学生思想政治教育实效性的实现途径

（一）确立以学生为主体的教育观念

要使大学生真正把教育者的思想政治观点内化为自身的品质，就要确立以学生为主体的教育管理观，使学生真正成为学习的主体，充分发挥学习的主体性，以人为本，确立学生在思想政治教育中的价值主体地位。思想政治教育要关注、研究和解决学生的思想心理矛盾，寻找有针对性的教育主题，协调和保持大学生思想多样性的平衡，为学生成长提供全方位的服务，满足学生的需求。人本性特征既是政治性特征的内在要求，又是它的延伸和具体化，是对政治性特征的必要补充与展开。必须突破思想政治教育政治性特征传统认识的瓶颈，从理论和实践两个层面上把思想政治教育的政治性特征和人本性特征有机统一起来，从根本上解决思想政治教育价值取向的矛盾，使大学生思想政治教育焕发出生机与活力。

（二）构建全员育人的机制

进一步强化"全员育人""全程育人"理念，把大学生思想政治教育贯穿于学校教育

和工作的全过程和各方面。广大教师要以高度负责的态度，率先垂范，言传身教，以良好的思想、道德、品质和人格给大学生以潜移默化地影响。把思想政治教育融入大学生专业学习的各个环节，渗透到教学、科研和社会服务。建立平等、和谐的师生关系，实现情感育人，让教师成为学生的良师益友，成为学生在人生路上的明灯和充满人格魅力的精神导师。深入学生的微观心理世界，对他们的个人生活、人际关系问题进行个性化指导，引导他们养成积极向上的生活态度，培养健康的心理素质。了解学生，理解学生，信任学生，及时解决学生的实际问题，才能进一步增强思想政治教育的实效性。

(三) 科学确立大学生思想政治教育内容

首先，大学生思想政治教育内容要与大学生的日常生活及利益需要相契合。在教育内容设置上尊重、关心大学生的利益需要，并满足大学生合理的个人需要。这就要求大学生思想政治教育的内容一方面要体现大学生的价值认同，大学生思想政治教育追求的是一种道德行为和道德境界，这是价值认同最崇高的阶段；另一方面要以"价值认同"制约"利益认同"，使大学生思想政治教育的最终目的落实到价值的实现上来。

其次，大学生思想政治教育的内容要与大学生认识理解思想信息的次序相契合。思想政治教育对大学生提出的要求是大学生的外在东西，这些要求只有被大学生所内化才起作用。任何一个大学生，对思想信息的接受总有其内在的序列。因为大学生的成长成才是一个不断发展的过程，在不同的成长阶段和不同的成长环境中，大学生所表现出来的接受特征和所适宜的接受序列是不同的，因此，教育者要根据大学生的具体接受特征将教育内容以一种最佳的结构组织起来，这样才易于被大学生所接受，教育才是最有效的。

(四) 加强思想政治教育理论课的建设

高校思想政治理论课教学是大学生思想政治教育的重要组成部分，是对大学生进行系统马克思主义理论教育的主渠道和主阵地，它关系到为谁培养人和培养什么样的人的问题。加强和改进教学，提高思想政治理论课育人的针对性、吸引力、感染力和实效性，充分发挥思想政治理论课在育人中的作用，意义重大。改进教学，要突出以人为本的理念，不仅是为了知识而教学，而是为了人的发展而教学。学生在课堂中应有自己思维与活动的时间与空间，学生在学习中将体验与兴趣结合起来，将自己的方法、价值观与知识的获取结合起来。寻求改变课堂教学的新模式，在不断更新教学内容的同时，革新教学方法，用灵活的教学形式、教学手段来组织教学。加强思想政治理论课实践教学，扩大课堂空间，引导学生学会分析问题，掌握正确的立场、观点和方法，主观能动地认识社会、认识人生，提高思想政治修养和实现自我教育的目的。

（五）将思想政治教育和大学生实际问题相结合

思想教育要取得实效，必须把解决思想问题和解决实际问题结合起来，把思想教育贯穿于为学生办实事的过程之中。目前大学生正面临严峻的就业问题，往往会在思想上产生困惑、感到迷茫，以致行动上不知所措。因此，大学生思想政治教育必须同学生的成才需要相结合，抓好对学生的就业指导与就业教育，把学生的就业教育与学生的整体素质教育结合起来，使他们在面对纷繁复杂的社会现象时，能保持清醒的头脑，提高正确地分析形势和认识问题的能力，把握时机，实现自我；完善大学贫困生的助学制度，关心贫困生的学习、生活和心理健康，为他们的成才和发展提供强有力的帮助；加强心理健康教育，要注重培养大学生良好的心理品质和优良品格，增强克服困难、经受考验、承受挫折的能力，引导大学生健康成长，提高思想认识和精神境界。

（六）加强互联网思想政治教育平台建设

网上思想政治教育阵地的建设最重要的是要坚持思想政治教育的正确舆论导向。一是要加强思想政治教育网站建设，通过网络的互动信息平台，建设网上政治教育阵地。使大学生可以就政治认识、政治评价和政治态度方面发表自己的观点和看法，并针对某些问题展开进行讨论，在讨论中我们表明正确的立场、观点，宣传党的路线方针政策，解决大学生的思想问题。二是加强网络引导与教育，提高大学生的信息识别能力。让大学生懂得在互联网这个知识宝库中到底能做些什么，如何挖掘宝藏，如何与自己的专业相结合等。提高大学生处理信息、分辨信息、选择信息、综合利用信息的能力。提高大学生的网络素质与网络技能，引导大学生真切感受充满挑战和机遇的网络世界，激发学生的上进心和创造性。促使大学生自觉树立网络自律意识，遵守网络道德，培养和提高大学生自觉抵制有害信息的意识和能力。同时，还必须加强对大学生进行网络法制的教育，使其具备网络法制意识、树立正确的网络法律政治观念。在大学生的网络引导教育中，做到理论上指导、思想上启迪、生活上关心，使大学生走积极、健康的成才之路。

第六章

新时代高校大学生思想政治教育创新实践路径

第一节　新时代高校思想政治教育的理论课程创新

一、贯彻"以人为本"的教育理念

在思想政治教育主渠道建设中坚持"以人为本"就是要坚持以大学生为本，"以大学生全面发展为目标，解放思想、实事求是、与时俱进，坚持以人为本，贴近实际、贴近生活、贴近学生，努力地提高思想政治教育的针对性、实效性和吸引力、感染力，培养德智体美全面发展的社会主义事业合格建设者和可靠接班人"。这就充分说明思想政治教育的目标是大学生的全面发展，将他们培养成为社会主义事业合格的建设者和接班人，要实现这样的目标，必须以学生为本，贴近学生思想、学习和生活的实际，尊重学生、关心学生，引导帮助学生全面发展。

在大学生思想政治教育主渠道建设中，坚持以学生为本，必须认识到学生的思想政治素质有实质性的提高最为重要，尊重学生在教学中的主体性是根本，学生的思想政治状况，学生关心的热点、难点，学生渴望解决的思想矛盾等最值得关注，要使这样的教育理念得到有效地贯彻，需要注意以下几点：

第一，在教材建设方面，要充分考虑到教材是对大学生进行马克思主义理论教育，在大学生中推动马克思主义大众化的有效载体。因此，要针对不同层次学生的知识文化素质和阅读能力编写教材，增强教材的时代性、可读性。

第二，在教学设计上，要充分考虑学生群体的差异，不同层次、不同专业背景，在知识文化素质、思维方式和兴趣点等方面的差异，根据不同层次的学生设计不同的教学方案，创建不同的教学模式。教师备课首先要备学生，增强教学的针对性，提高教学的实效性。

第三，在具体的教学活动中，要充分尊重学生的主体地位，采取多样化的形式吸引学生积极参与到教学活动中来，让学生有独立感悟、思考、探索的空间，让学生在主动参与过程中达到知识、情感和信念的统一和协调转化，提升自身的思想政治素质。

二、贯彻社会主义核心价值体系

社会主义核心价值体系是社会主义意识的体现，也是我国意识形态的本质，从某种意义上说，社会主义核心价值观对社会主义的发展模式、发展目标以及发展任务具有重要的作用和联系。在社会主义建设中，我们要充分利用核心价值观念的相关内容对社会主义现代化建设进行引领和指导，将其融入我国社会主义精神文明建设和物质文明建设的社会实践之中。在社会主义核心价值观的引领下，大学生个人的思想发展目标与社会发展目标相互协调，增强社会主义核心价值体系的吸引力和凝聚力。思想政治理论课是大学生思想政治教育的主渠道，是大学生思想政治教育的主要阵地，它必然要承担起开展核心价值体系教育，提高大学生思想政治教育理论课教育的效果。

（一）马克思主义理论教学中融入社会主义核心价值体系

马克思主义基础理论教学是大学生思想政治教育的重要组成部分，更是政治理论课程教育的灵魂与核心。大学生马克思主义基础理论教育的目的是帮助大学生了解与认识马克思主义基本理论，深化对社会主义和共产主义的理解，学会运用科学的世界观和方法论认识世界、改造世界。在马克思主义基本理论的引导下，大学生可以建立起马克思主义性质的人生观和价值观，坚定他们对共产主义的信仰，增强他们进行社会主义现代化建设的信心。因此，马克思基础理论教学在大学生教育体系中占有重要的地位，并且是我国大学生思想政治教育的核心课程。

对马克思主义的理解，我们应该从以下两个方面来入手。

1. 准确、完整地把握马克思主义

完整而准确地理解马克思主义，将马克思所有的理论与内容看作一个有机的整体，不能将各个部分拆开来进行理解与运用。马克思主义的基本原理与一般的马克思主义教育课程不同，有些马克思主义教育教材将马克思主义哲学、马克思主义政治经济学和科学社会主义分为三个独立的内容来进行说明，这种做法在思想政治理论课中是不适用的，因为马克思主义基本原理的理解和运用必须将所有的内容联系起来，只有深刻理解其内在的逻辑关系才能真正地进行运用。

2.强化实践的马克思主义的教育和运用

在加强对马克思主义经典文本的解读和对马克思主义整体把握的同时，必须着眼于时代的变化和实践的进展，明确哪些是必须长期坚持的马克思主义基本原理、哪些是必须澄清的附加在马克思主义名下的错误观点、哪些是必须破除的对马克思主义的教条式理解、哪些是必须结合新的时代和新的实践加以丰富和发展的理论判断。要用马克思主义的立场、观点和方法分析和回答重大的现实理论问题和实践难题。

（二）道德修养与法律知识教学中融入社会主义核心价值体系

道德修养和法律知识也是大学生思想政治素质教学中不可缺少的一个组成部分，它们是大学生思想政治理论课中的基础课程。开设相关课程能够帮助大学生明确我国的法律、道德规范，约束大学生的日常行为，帮助大学生养成良好的行为习惯，提高他们的思想道德觉悟，把他们培养成有理想、有道德、有文化、有纪律的社会主义接班人。

在大学生的思想道德修养和法律的教育教学中，要着重突出对大学生民族精神、时代精神和社会主义荣辱观教育，紧紧围绕这些内容对大学生进行思想道德与法律知识教育。"思想道德修养和法律基础"这一课程是大学新生的入门课程，主要针对不太熟悉大学生活的新生开展，目的是让他们在大学开始就养成良好的行为习惯，为更深层次的思想政治课程的开展打好基础。在开展道德修养和法律知识教育的过程中，教育者针对大学生成才制定专门的提高大学生个人素质的内容。

（三）在中国近代史教学中融入社会主义核心价值体系

中国近代历史教育是我国思想政治教育的重要组成部分，也是大学生思想政治教育体系中不缺少的基础教学内容。从中学起，学生就开始逐渐接触我国的近代历史，在大学阶段大部分学生对近代史的史实已经有了比较明确的认识，大学阶段主要培养大学生对发展规律的认识。另外，大学生还要加强对马克思主义是中国革命和建设的唯一出路，中国共产党领导中华民族取得新民主主义革命的胜利是历史的选择等问题的深刻理解与认识。

在中国近代史的教育、教学中，教育者应该从历史的角度出发，总结并借鉴相关经验，对我国社会主义现代化建设进行一定程度上的引申。中国近代史总结起来就是一部屈辱史、一部艰苦探索史、一部全国人民的救亡图存史。在中国近代史的教学中，相关课程的安排要将中华民族的伟大复兴作为基本线索，围绕这一主题开展中国近代史教育，从而帮助学生更深刻地理解中华民族的苦难，更深刻地理解马克思主义对于近代中国走出半殖民地半封建社会的重要意义。

中国近代史的教育目的是让学生了解近代中国走向衰落的原因，理解马克思主义和中国共产党是历史的选择和必然，增强大学生对马克思主义和中国共产党的信心，增强其在社会主义建设道路上不畏风险、乘风破浪的勇气。在现阶段大学生要努力学习科学文化知识，将社会发展的目标与个人目标结合起来，明确奋斗目标，为中华民族的伟大复兴作出自己的贡献。

三、实现教学方式方法的创新与改革

事实上，人类的教育活动起源于交往，在一定意义上，教育是人类一种特殊的交往活动。况且，大学生正值青春期，其生理心理都发生了很大变化，自我意识、独立意识增强，要求与成年人平等相待。我们应该充分尊重大学生在该阶段的学习和生活特点，有针对性地对他们进行教育，充分调动他们参加教学活动的积极性和主动性。一般来说，发挥大学生主体性和教师的主导性的特点，需要从以下几方面入手。

（一）重视学生的主体地位

传统的教学方法注重教师在教学中的作用，各种措施也都是针对教学来制定的，这种做法片面地强调了教师在教学中的作用和地位。教学是个互动的过程，教师和学生缺少任何一方都不能构成教学活动，双方在教学中的地位是平等的。从这一点来看，传统的教学活动，完全忽视了学生在教学中的主动性，将学生放在被动接受的教育地位之上。传统教育采用灌输式的教育方式，教学活动完全按照教育者的意愿进行，无论是教学过程的安排还是教学内容的设计都没有针对学生的特点来进行，造成教学效果欠佳。

每个人都是一个独特的个体，有自己的思想意识和行为想法，在教学过程中我们要充分尊重学生的个体性，尊重他们在教学中应该享有的地位。现代教学方法与传统教学方法的区别集中体现在学生在教学活动当中的地位和发挥的作用，现代教育追求最大限度地发挥学生在教学中的主体作用，发挥他们的积极性和主动性。

学习是一个不断认识、不断深化的知识内化活动，在整个学习过程当中，很多因素都会对学习的效果产生影响，例如，个人的认识、对待某种事物的情感、学习者个人的意志和信念等，这些因素可能会在教学过程中一种或者多种集合的方式出现，对教学活动造成一定的干扰.在教学互动中，学生要克服各种不利因素的影响，充分发挥自己的主观能动作用，最大程度地发掘自己学习中的潜力和天赋。

（二）改进教学方法

马克思主义教育的目的是让每个人都获得符合其个性特点和特长的发展，解放人的个性，促进人的全面发展，这是马克思主义始终坚持的育人观点。个性是人最宝贵的品质，正是因为个性的存在才让我们这个社会多姿多彩，缺乏个性的教育既是违背客观规律的，也是没有灵魂和创造力的。在教学过程中，教师要根据受教者的特点帮助他们获得最合适的教育，充分激发学生的潜力，从而达成我们的教学目的。

在新的社会发展形势和发展社会背景下，我们要充分尊重大学生思想政治教育状况的实际和大学生思想政治水平的现状，本着个性解放、多元发展的基本思路，根据当前的实际状况，对大学生思想政治教育的发展进行全面的规划。

在教学中，教师在改进教学方法的过程中有以下三方面值得注意。一是从小处入手，放弃假大空的说辞和不切实际的目标，将思想政治教育理论课当作教育学生做人、鼓励他们前进的阵地。二是思想政治教育课要教会学生如何在大学生活中扮演好自己的角色，并培养他们离开校园进入社会，在生活以及工作中所需要的素质和品德。三是树立终身学习的目标，激发他们的学习兴趣与学习欲望，充分激发他们的潜能。

（三）优化教学方式

思想政治理论课应从不同角度，结合具体的教学内容，精心设计，选择不同的教学方式。在教学方法上，每位教师要根据自己的能力、特长选择诸如提问启发思考、学生发问老师解答、理论宣讲、艺术感染、实践指导等教学方法。另外，还可开展专题讲座、课堂讨论、热点评论、参观访问等，使教学方式多样化、趣味化，给教学方式以最大的灵活性，研究表明，学习同样的内容，在同样的 3 小时内，仅用老师讲、学生听的口授方式，学生如果能增加看的内容，学生就能理解 70%；听、看、说并用，学生则能理解 90%。这说明在学习上多种方式要胜过单一方式。

互联网的出现是人类历史上的一个奇迹，是人类智慧的结晶，通过互联网人们可以轻松地获得人类几千年积淀的知识和智慧。网络的出现使得大学生思想政治教育变得更加灵活，思想政治教育理论课也有了更大的发挥空间，与此同时，互联网的出现对传统的课堂教育也是一个巨大的挑战。

思想政治理论课的开展可以与互联网相结合，二者的结合能够最大程度地发挥课堂教育以及网络教育的优点，克服他们在单独对大学生进行思想政治教育过程中的缺点和不足。理论课教育可以借助丰富的互联网资源，充实与丰富课堂教育的内容，同时也可以增强思想政治教育课的吸引力。网络是一把双刃剑，如果不对大学生的网络行为进行管理与规范，就会对大学生的成长带来很大的影响。通过思想政治教育理论课的筛选与约束，大学生可以更好地利用网络信息与网络知识，提升大学生思想政治教育效果。

第二节　新时代高校思想政治教育的实践活动创新

一、强化实践教学

青年是国家和民族的希望，创新是社会进步的灵魂，创业是推动经济社会发展，改善民生的重要途径。青年学生富有想象力和创造力，拥有一大批创新型青年人才，既是国家创新活力之所在，也是科技发展希望之所在。

实践教学能够促进我国大学生更加深刻理解理论知识和实践知识，所以充分地运用实践教学显得特别重要，而当前我国思想政治理论课实践教学的实际状况并不令人满意。改善我国思想政治理论课实践教育应该在实践教学的形式和资源上做到"两手抓，两手都要硬"，一方面积极拓展实践教学所需要的各种形式；另一方面积极开拓实践教学的教学资源。

（一）实践教学的地位与价值

1. 实践教学的重要地位

实践教学在思想政治教学中的重要地位主要体现在两个方面。第一，实践教学与理论课教学在教学手段、组织形式和教学方式上有着重要的差别，这直接决定了实践教学有着理论课教学所不具备的优势，因此在思想政治教学之中实践教学是不可替代的。第二，实践教学与理论课教学在教学目标和理论支持上具有共性：实践教学和理论课教学都是以马克思主义理论为支持，以培养全面发展的四有新人为目标。

实践教学与理论课教学的差异与共性决定了在思想政治理论课教学中实践教学的地位是不可替代的。在高校思想政治理论课今后的发展中要形成实践教学与理论课教学相互促进的机制，更好地完成思想政治课理论教育的任务。

2.实践教学的重要价值

理论联系实际既是党思想路线的重要内容，也是思想政治教育教学改革的一条主线。思想政治教育要实现与时俱进不断创新，就必须要重视实践教学。具体来说，实践教学具有以下两点重要价值：实践教学是思想政治理论课教学改革的战略选择；实践教学是思想政治理论课与时俱进的客观要求。

（二）整合实践教学资源

1.实践教学资源的构成

思想政治理论课实践教学的资源要素众多，构成丰富。一方面包括以自然形态存在的非生命的自然资源；另一方面包括实践教学所用的人力、文化、科技、信息等社会性资源。其中，社会性资源是大学生思想政治理论课实践教学资源的主要部分。通常社会性资源主要包括社会活动中与学生生活体验和思想政治理论相关的各种实物。通常有学生的生活体验、革命历史遗址遗迹、各种多媒体影视资料、蕴含着丰富教育价值的人文景观、社会生活以及网络生活。这些都是开展思想政治理论课实践教学的宝贵资源。

2.实践教学资源的开发、利用和管理

实践教学资源的开发、利用和管理是影响实践教学活动实施效果的重要因素，因此，在实现思想政治理论课实践教学发展的过程中，除了要积极拓展思想政治理论课教学所需要的各种实践教学资源，还需要对实践教学资源进行有效地开发、利用和管理，为实践教学的顺利开展在质和量上提供有保证的实践教学资源。

（1）校内实践教学资源的开发、利用和管理。校内实践教学资源是思想政治实践教学资源的主体、这一资源包括与思想政治实践教学相关的各种校内资源。这些资源主要包括思想政治理论课修读学生、学校党政干部和共青团干部、学生辅导员和班主任、实践教学对象地区的干部群众等校内实践教学资源是开发利用实践教学其他资源的主体，在思想政治理论课实践教学之中具有一定程度的主导性。因此，思想政治理论课实践教学的校内资源的管理水平直接决定着思想政治实践教学工作开展的水平。总之，要加强思想政治理论课实践教学校内资源的开发、利用和管理。

（2）实践教学基地资源的开发、利用和管理。实践教学基地是校外实践教学的重要元素：实践基地开发水平的高低实际决定了校外实践教学开展的水平。因此，为实现课外实践教学的顺利开展，学校应积极与校外单位合作建立一个长期稳定的实践教学基地。校外

实践教学基地可以是实验室、博物馆、历史遗迹、名人故居等。实践教学基地应按照环境友好、主题鲜明、功能完善、管理规范、相对稳定的思路建设，最终实现课外实践教学的全面推进。实现以上的这些要求需要从以下几方面做起。第一，实事求是，做好实践教学基地的合理规划。实事求是地做好校外资源的规划是建设好实践教学基地的第一步。在建设实践教学基地之前，首先要了解学校自身的需要；其次做好规划，对实践教学基地建设的可行性和实践教学基地的有用性展开全面讨论，发挥学校所有实践教学基地整体的育人功能。第二，把实践教学基地建设与学生现有生活实际结合起来，开发现有实践教学基地的育人功能。有一部分高校存在着现有实践教学基地利用率不高的现象。这些学校建设新的实践教学基地已经显得没有必要，而且在对实践教学基地开发、利用、管理中，最重要的是实践教学基地的利用，不能只开发不利用，做政绩工程和面子工程。因此，学校要认真调查学生的实际需要，提高现有的实践教学基地的利用率。第三，加强实践教学的综合管理，展开校际共享与社会共享。实践教学基地的开发需要很大的经费支持，因此，如果能够加强实践教学基地的重复利用，则能够实现实践教学基地建设经费的节省。这对突破思想政治实践教学的经费困境具有重大的意义。

二、加强社会实践

（一）加强宏观管理

大学生社会实践活动的宏观管理关键在于大学生社会实践活动领导机制、指导机制、激励机制和保障机制的建设。

1. 建立领导机制

建立校、院（系）两级领导机构。在此基础上，建立和完善包括责任制、督查制、报告制等在内的领导机制。每种类型的社会实践活动都要明确责任部门和责任人，形成齐抓共管、一级抓一级、层层抓落实的工作局面。校级领导机构要在明确责任分工、优化资源配置、协调工作冲突、进行督促检查、开展专题培训等方面发挥主导性作用；院（系）级领导机构要在策划部署、人员配备、考核评定、社会实践基地建设等方面发挥关键性作用。教学管理部门要抓好属于"第一课堂"的专业实习类、军事训练类社会实践活动；学生管理部门、党群组织要抓好属于"第二课堂"的生产劳动类、社会调查类、勤工俭学类、科技服务类、志愿服务类和挂职锻炼类社会实践活动。

2. 建立指导机制

没有高水平的专业指导，就不可能有高质量的社会实践活动。建立校、院（系）两级指导教师团队，在此基础上，要进一步完善指导机制。一是通过加强课程建设，建立和完善大学生社会实践培训课程体系及课酬制度，推进校级指导教师团队的知识化和专业化；二是通过建立大学生社会实践指导教师进修培训制度和活动补助制度，来推进院（系）指导教师团队的建设。

3. 建立激励机制

社会实践活动的最终受益者是学生。如果学生在活动中没有积极性，只是被动地参与，那么这样的社会实践活动就没有什么实效性可言。因此，必须从学生在社会实践活动中可以获得什么，或者说作为施教者可以通过社会实践活动给予学生什么这个根本问题出发，建立完善的激励机制，才能实现学生从"要我参加"到"我要参加"的转变。对于专业实习、生产劳动、社会调查等"必修科目"，除了要根据不同情况，给予学生一定的交通补助和生活补助，同时还要通过总结表彰大会这种形式，对表现优秀的个人和集体进行公开表彰。对于勤工俭学、科技服务、志愿服务和挂职锻炼等"选修科目"，要建立学分奖励制度。一是探索和建立勤工俭学、志愿服务和挂职锻炼时数与学时之间恰当合理的换算关系，为进行学分奖励提供可靠的基础；二是根据科技服务时间以及科技项目获奖情况，对学生进行学分奖励。

4. 建立保障机制

开展大学生社会实践活动是有成本的，也是有风险的，因此，有必要建立大学生社会实践投入机制和风险机制等保障机制。一是要建立学校、学生和社会三方共同参与的多元投入机制；二是要建立社会化的风险保障机制。学生在参加社会实践活动中存在着各种各样不确定的因素，容易发生这样那样的安全事故。因此，除了对带队老师和广大学生进行安全教育、采取必要的安全措施之外，还要为每一位学生购买商业保险。实践表明，购买商业保险是规避风险的一种比较稳妥可行的办法。

（二）关注基地建设

实践基地是专门为学生社会实践而成立的一个基地或者机构。"三维实践基地"则着力从社会实践、科技实践、创业实践等三方面大力推进大学生社会实践基地建设。

1. 社会实践基地

一方面，大学生可以充分结合区校、村校、校企共建服务活动，在区县、农村企业建设基地；另一方面，大学生还可以以班级、院系、社团等组织为单位，就近建立实践基地，各实践队伍与各实践对象可以建立长期的合作关系。同时，不同年级的学生还可以采取以老带新的方式组团开展活动，增强实践基地的传承性，为更多大学生经常性地参与社会实践活动提供机会和渠道。这种校外结合专业特点、自身优势参加社会调查、实际生产、企业管理的方式，不仅能为社会和企业提供技术服务，也可以帮助大学生通过社会实践提升专业技能，锻炼适应社会的能力。

2. 科技实践基地

高校通过开展诸如全国"挑战杯"科技竞赛、国家大学生创新性实验计划等活动，并结合"科学商店"项目（大学生科普志愿者进社区）在校内建立大学生科创中心，作为科技实践基地。同时，高校可以开展各项科技文化活动为巩固科技实践基地奠定基础，提高学生参与科技实践基地的积极性，并鼓励完成一定创新实践并取得成果的大学生，由学校组织专家审核认定后，奖励一定的学分。从科技创新的角度承认大学生的科技成果，这样学生科技创新能力的提高反过来激发学生进一步学好科学文化知识和积极参与科技实践基地建设的兴趣，形成了良性循环。

3. 创业实践基地

学校不仅要满足学生创业实践的基本要求，还要通过开展系统的创业教育、选修课程和个别指导对学生进行创业知识培训，鼓励学生把自己的所学所思运用到创业活动中去。不仅如此，在学校统一指导下，学校相关部门与社会相关企业建立创业实践基地，学生就可以将在创业计划竞赛、大学生课外科技作品竞赛等各种竞赛中的作品和创意应用到创业实践中去，从而增强理论与实践结合的主动意识，增强学生创业的积极性。

（三）加强实践的育人功能

1. 正确地认识实践活动在思想政治教育中的重要作用

要使各种社会实践活动顺利而有序地开展，必须对社会实践活动有正确的认识。在大学生思想道德建设中，既要认识到社会实践活动的重要作用，积极开展各项有意义的活动，而且要做好活动的各项保障工作，避免安全事故的发生。尤其要避免盲目的活动。例如，媒体报道的某些大学生自发进行的探险活动，由于缺乏对活动的可行性的策划和安排，参与者的人身安全就没有保障，也对国家行政管理资源造成不必要的浪费。特别要克服两种错误倾向：一种是认为活动越多越好，结果是活动太滥太频繁、参与者感到疲惫不堪，既影响了中心工作，又冲淡了大学生的参与热情；另一种是因为在活动中出现问题而不敢开展活动，谈活动色变的倾向，产生"一朝被蛇咬，十年怕井绳"的心理，认为开展社会实践活动越多，出问题就越多。出了问题不是去思考出现问题的原因，总结社会实践活动的经验教训，而是把问题简单归咎于活动本身，认为不开展活动事情都不会发生，这两种倾向对于充分利用社会实践活动载体都是有害的，必须在大学生思想道德建设中加以克服。

2. 设计和安排时效性强的社会实践活动

开展社会实践活动，要精心设计，合理安排、加强组织领导，力求解决实际问题，突出实效。以社会实践活动为载体开展大学生思想道德建设，不仅要考虑社会实践活动的必要性，而且要研究社会实践活动的可行性和针对性，力求社会实践活动有意义并取得好的效果。开展什么样的活动，应当在事前精心设计并做出科学合理的安排，要处理好中心工作与活动之间的关系。特别是要避免为搞活动而活动、放弃中心工作的做法。在活动中，尤其是具有一定规模的活动，如果缺乏有效地组织领导，就会使活动混乱不堪，不但收不到预期的效果，而且会使参与的大学生产生抱怨情绪，再有意义的活动也收不到应有的效果。是否能发挥社会实践活动的有效作用，关键看活动的内容和形式是否为大学生所需要；也就是说，各种活动都要坚持以人为本，以满足大学生的物质生活和文化生活需要作为出发点。

3. 开展丰富多样的社会实践活动

（1）主题意义明确。实践团队应结合学校特色、社会热点、市场需求，从本专业实际出发，确定实践主题。各基层实践单位可以在主线不变的情况下根据自身实际情况设定分主题。同时，社会实践是学生接触社会、了解现实、主动学习、自主发展的有效途径。社会实践主题的确定重在调动学生自主参与的积极性，增强他们参与活动的浓厚兴趣：主题应简单易行，便于操作，让学生在探究与实践过程中增进知识，开阔视野，提高团队意识和合作精神，切切实实成为学生在实践中接受教育的有效途径。

（2）实施方式灵活。为实现让大学生通过社会实践这种方式，更真实客观地观察社会，主动接受外部世界的考验的目标，社会实践在实施过程中应注重实施方式的灵活性与实践形式的多样性。在实施过程中宜以院系、班级团支部、专业、课题组、社团、兴趣爱好等方式组团、拓宽实践活动领域、丰富实践活动内容，因地制宜，可采用理论宣讲，社会调查、学习参观等方式。

三、深化创业教育

要引导劳动者转变就业观念，鼓励多渠道多形式就业，促进创业带动就业，做好以高校毕业生为重点的青年就业工作。

（一）开设创业课程传授创业知识

教育部《关于印发〈普通本科学校创业教育教学基本要求（试行）〉的通知》确立了本科创业教育的教学目标：通过创业教育教学，使学生掌握创业的基础知识和基本理论，熟悉创业的基本流程和基本方法，了解创业的法律法规和相关政策，激发学生的创业意识，提高学生的社会责任感、创新精神和创业能力，促进学生创业就业和全面发展。文件要求各高校把创业教育教学纳入学校改革发展规划，纳入学校人才培养体系，纳入学校教育教学评估指标，创造条件面向全体学生单独开设"创业基础"必修课，并支持有条件的高等学校根据办学定位、人才培养规格和学科专业特点，开发、开设创业教育类选修课程（含实践课程）。近年来，各高校积极地贯彻教育部文件要求，绝大多数高校已经开设了创新创业类必修或选修课程。

（二）宣传创业典型营造创业氛围

随着越来越多的大学生投身创业实践，不少成功创业的先进典型人物不断涌现，成为高校开展创业引导、营造创业氛围的宝贵案例资源。教育部和各地教育主管部门组织开展了创业先进典型评选活动，各高校通过参加评选，全面梳理了近年来表现突出的自主创业典型条例材料，通过"创业校友面对面"、自主创业案例集、自主创业宣讲报告会等形式，不遗余力地宣传创业事迹，激发在校大学生的创业意愿，取得了很好的实际效果。

（三）搭建实践平台加强创业实践

为鼓励大学生积极开展创业活动，培养创业能力，高校可以建立"联通青春"创业社，为大学生创业项目提供场所和经费支持，同时为拓展大学生就业空间，提高大学生就业能力。学校相关部门可以积极与就业指导中心密切联系，搭建大学生与单位之间的接触平台，组织各学院大学生通过企业参观、座谈交流、走访校友、问卷调查等方式了解就业单位、就业人才市场需求，明确自身努力方向，从而起到良好效果。

各高校以"第二课堂"为辅助，广泛开展创业计划竞赛、创业讲座、创业实战赛、创业见习、企业家论坛、创业者沙龙和企业参访等活动，推出了"企业家进校园"、创业成功人士访谈、暑期创业实战赛、创业成长训练营等精彩纷呈的品牌活动。同时，不少高校探索开展创业骨干培训，面向有创业意愿的学生开设"创业骨干培训班""创业训练营""创业大课堂"等，挖掘、培育创业苗子，对具有相对成熟创业意向的学生进行"一对一"指导。此外，以"挑战杯"全国大学生课外学术科技作品竞赛和中国大学生创业计划竞赛为代表的各级、各类创新创业赛事也是高校开展创业教育的重要平台。

四、鼓励科研创新

现代大学的功能已拓展到人才培养、科学研究、社会服务和文化传承创新等四个方面，其中，人才培养是高等教育的本质要求和根本使命。四大功能围绕这一核心有机互动、相互支撑，才能为内涵发展打开更大空间。科学研究对于创新型人才培养具有特殊重要意义。科研创新，既是提升大学生专业知识水平和创新创造能力的前沿阵地，也是促进产学研紧密合作、实现现代大学功能的必要途径。

我国高校加快科研创新促进人才培养的做法主要有以下几点。

（一）积极鼓励科研实践

各高校鼓励教授、研究生导师尽可能接纳本科生参与科研实践、学术讲座与学术研讨，指导本科生的课余科技兴趣小组活动；以校内高水平的重点实验室、各学科的科研机构、工程基地为依托，将创新教育融入科研训练、毕业论文、课外活动等教学环节中，提升创新教育的水平；鼓励师生以携手发表论文、申请专利、参与竞赛等方式，提高成果的显示度和辐射效应。

（二）深入推动产学研合作

产学研合作不仅仅是促进科研成果的转化和加强社会多元主体联系的动力机制，更是创新人才引进和培养的重要途径及实现人才强国战略的动力机制，主要形式包括，校企自主联合科技攻关与人才培养，共建研究中心、研究所和实验室，建立科技园区实施科学研究与成果孵化等。

高校不断以国家级、省级、校级精品课程建设为抓手，及时将科研成果转化为教材和教学内容，如高校哲学社会科学工作者坚持科研反哺教学，将科研理念、科研方法、科研成果引入课堂教学、实践教学、教材（讲义）编写、毕业论文（设计）的指导等人才培养环节中，实现了教研互动、教研相长。

（三）搭建学术交流平台

高水平学术讲座活动对学生把握学术前沿、开阔学术视野、提高综合素质具有重要意义。高校积极构建完整的学术报告和讲座制度，通过不断加强品牌论坛建设，开展多种形式的学术活动，繁荣发展校园文化、提升大学生科学素质和人文素养。一些高校经过多年打造，形成独具影响的学术论坛品牌。

第三节 新时代高校思想政治教育的校园文化创新

一、校园文化的内涵和特点

校园是开展思想政治教育的主要场所，而校园文化则是在教师和学生学习生活过程中自发形成的一个体系。将思想政治教育寓于校园文化建设之中，既是利用校园文化这一种渠道教育大学生，又是实现这一先进文化同社会主义先进文化更加贴近的举措。

（一）校园文化的内涵

校园文化，实际上就是除了课堂以外的所有的与教师和学生相关的教育活动。校园文化是一个内容复杂、形式多变的综合体：思维活动、文化环境、道德关系以及人际关系都有可能成为校园文化的一部分，从而直接或间接地对教师以及学生产生影响。校园文化是高校不可或缺的一部分，它是在长期教学与实践过程中逐渐形成的、具有自身鲜明特色的标签，更是彰显该校学生思想观念区别性的重要标志，是学校最生动、最鲜明的名片。

（二）校园文化的主要特点

随着我国改革开放和全球化步伐的日益加快，随之而来的文化多元化、意识形态多元化、生活方式多元化等，呈现由"一"到"多"的特点，且当下信息高速传播，渠道日趋丰富。外来文化冲击着原有的文化模式和思维方式，使当下的校园文化呈现出新的特点。

1. 丰富与多样的校园文化内容

全球化带来了物质和文化上的极大丰富，新的观念和方法也随着文化一同被注入人们的生活。不同文化之间不可避免地互相渗透、吸取，这种互相吸收和补充，形成"你中有我，我中有你"的局面。但这也对原有的文化观念提出了挑战，如何做好不同文化的相互融合，作出正确的价值判断，需要较高的判断力和分析力，这对个人素质提出了要求。当前在校的大学生正处在身心快速发展的阶段，他们涉世未深、阅历较浅，对很多社会现象还不能很好地把握，且极容易受鼓动和影响。加上国际上社会思潮的进入，这为大学生的成长提供了机遇的同时，也给各高校提出了培养的难题。高校需要提升大学生的文化甄别能力，这样才能尽可能地避免负面效应。

2. 传统与开放的文化理念交融

校园文化作为校园里的一种精神文化·对学生的教育引导功能是十分明显的，因而它必须是在长期的实践检验中不断完善和延续而形成的。校园文化元素本身就包含了相对稳定和传统的成分，在历史的积淀中逐渐被广大师生所接受，具有一定的社会影响力。但现代社会、新的文化思潮带来了与许多传统不太相同的理念，若一味地因循守旧，延续陈旧的做法，必然会和学生当下的生活理念发生冲突，容易遭质疑；校园文化必然要兼收并蓄，广泛吸收新文化理念，进行加汇改造，以更具时代色彩的新形式出现，从而为己所用。因此，校园文化本身又必然具有一定的开放性，应主动融入大学生的学习生活中去，实现双向互动。

3. 多元化的文化选择

当下的文化交融日益增多，学生在校园里接受各种文化气息的熏陶，因此不同类型的文化在大学校园里很容易引起共鸣，为了作出适宜的价值判断，大学生必须进行全面地了解，凭借敏锐的观察力，通过缜密的分析，根据自身实际情况做出取舍，这样才能促进个人的健康发展。如，先前在一些学生中出现的拜金主义、享乐主义等，即是对一些外来文化的盲目追求、片面理解、曲解和误解，形成的一种不良风气。在当前多元文化背景下，本土文化被越来越多的国外文化观念影响，不能简单地沿用和吸收这些异域文化，而要对其进行甄别。校园文化建设是对学生进行思想引领的重要方面，对学生的世界观、人生观和价值观有着深刻的影响。

4. 创新性的校园文化评价标准

校园文化建设的目的是要实现育人的效果。不同的时代背景和社会需求，对人才的要求也是不同的。学校培育的人才要能适应社会发展、实现自我的完善，因此，育人的理念不是一成不变的，要能与时俱进，适当地进行调整。当今社会，全球联系广泛加强，高新技术快速更新，经济发展日新月异，文化交融错综复杂，这对学校育人提出了更高的要求，要求高校培育出满足社会多元需求的复合型人才。这同时也要求学生要有国际化视野，与经济全球化、教育国际化和文化多元化等时代特点相适应，全面提升综合素质，因此，校园文化的评价标准也会随之发生变化。

二、高校校园文化对思想政治教育的作用

(一) 校园文化建设是社会主义精神文明建设的重要部分

高校校园文化是社会主义文化的一部分，是社会主义精神文明建设的重要内容。在校园文化的建设过程中，确立校园文化之中的共产主义信念，以共产主义信念引导大学生的发展方向。高校校园文化作为我国社会主义精神文明建设的一个重要组成部分，同社会精神文明建设之中的其他优秀文化成分是统一的，因此在高校校园文化之中积极地引入社会精神文明建设的其他优秀成果，使得大学校园文化会同其他精神文化引导大学生思想观念的发展，保证社会精神文明建设目标的实现。

(二) 校园文化是实现思想政治教育工作的重要路径

首先，高校校园文化具有追求务实、追求崇高的凝聚力。在当代，这种崇高的精神境界就是"以人为本"的人文精神，"求真务实"的科学精神，"着眼未来"的超越精神和"自强不息"的奋斗精神。正是由这些精神因素的存在，才能聚集成建设中国特色社会主义的共同理想，把师生的智慧和力量团结到构建和谐校园的共同事业之下。

其次，校园文化对大学生具有重要的教育导向作用。正是通过校园文化丰富多彩的方式，让大学这个特殊群体的人们都得到一种文化品位的熏陶和大学精神的培育，从而形成了志存高远、爱国敬业、为人师表、教书育人、严谨笃学和与时俱进的优良教风；勤于学习、奋发向上、诚实守信、敢于创新的良好学风；以及崇尚科学、严谨求实、善于创造的具有时代特征和学校特色的良好校风。正是具备了优良的教风、学风和校风，大学文化才能够实现培育、塑造人的作用，促进人们自觉追求和谐相处，大学生才会从这种教育的

耳濡目染中感悟到社会主义、爱国主义和集体主义教育的真谛。

最后，校园文化具有源源不断地创造力。大学作为思想最活跃、最富有创造力的地方，以及新知识、新思想、新文化的策源地，其创造力主要来自担当社会责任的知识分子群体追求真理、体现公平正义的社会理想，他们发挥文化对社会进步的强大影响作用。文化可以作为一个维系民族、社团、集体的共同价值取向，使更多大学生在对这一共同认知追求中，走向"真、善、美"。

（三）校园文化建设有利于提升青年大学生的素质

大学生主体的全面自由发展是高校校园文化建设实践中的价值目标。在校园文化建设之中，大学生承担着主客体合一的身份。校园文化为大学生借鉴他人经验进行自我教育提供了一个良好的场所，因此从这个意义上说，校园文化是基于大学生的自主选择性的大学生的自我教育。因此，在校园文化建设的过程中，各级领导部门坚持弘扬主旋律，要对大学生进行世界观、方法论的教育，提高分辨是非的能力，自觉抵制不健康文化的影响，为青年大学生的全面发展提供更为广阔的空间。

三、校园文化的建设途径

（一）遵循校园文化建设原则

1.坚持主旋律与尊重多样性的统一

大学是人类文化传承、创新与发展的重要基地。大学不但要传承和创新知识，更要熔铸、守望人文精神，肩负起文化传承的历史使命。校园文化建设是实现这一使命的必然途径，是学校精神文明建设的重要基础和重要前提。

学校必须建设一个文化层次较高的校园文化环境，传承大学精神，使广大青年学生能养成良好的思想道德品质。这就要求校园文化建设必须坚持正确的政治方向、价值导向和审美导向，贯彻党的基本路线和教育方针，高扬社会主义、爱国主义和集体主义主旋律。

当今社会处于文化"井喷"时代，各种类型的文化层出不穷，相互交融并得以发展。随着社会这种发展趋势，社会发展必将呈现出更大的开放性和适应性，文化多样性将成为一种必然趋势。历史无数次证明，保守和封闭只能走向停滞和僵化，建设高水平的校园文化必须使校园与社会"联网"，走开放之路，尊重主体多样性的发展。当然，尊重校园文化多样性也不等于忽视主旋律建设的精神引领作用。文化主旋律和文化多样性是相互促进的关系，也就是必须坚持主旋律与尊重多样性的统一，这才是对校园文化建设应该持有的态度。

2. 坚持积淀传承与创新发展的统一

文化是历史形成的。不经过一定的历史积淀和传承，文化的优秀品质难以体现。在学校长期发展的历史积淀中形成的、具有相对稳定性的文化传统意识是现代校园文化传统中最宝贵的部分，是大学生抵抗挫折、谋求发展的顽强生命力的底蕴所在，是一所学校的灵魂，是一个学校精神与氛围的集中体现，也是学校赖以生存的根基，更是学校持续发展的精神动力，对于稳定大学的风格和水准具有至关重要的作用。

大学能够得以持续健康发展的推动力源自优秀的学校校园文化。学校校园文化的建设与创造，既是一个继承、借鉴、创新的综合过程，也是一个德育与智育、科学与价值以及人与人相互作用、相互促进的复杂过程，需要精心构建，要在理念上精心提炼，在实践中长期培育。传承学校的特色与优势文化依靠学校师生的共同努力与不懈创造。

3. 坚持立足国情与面向世界的统一

面对经济全球化的挑战，校园文化不能回避，而应积极主动地融入世界大潮之中，通过与大风大浪的搏击，使自己的羽翼逐渐丰满，从而实现国际化与民族化的统一，实现自身的完善和发展。

从根本上说，对待面向世界和立足国情的态度与我国对外来文化和传统文化的态度是完全一致的。对外来文化和传统文化，校园文化的基本原则是采取分析、辩证的态度，积极利用其合理成分，并结合具体情况加以批判继承、消化吸收。因此，这也是我国在看待面向世界和立足国情的总方针。但长期以来，校园文化在实际发展中，往往偏离或忽视这个方针，完全凭主观臆断，感情用事，这是制约校园文化发展的重大问题。

（二）加强组织领导建设，完善校园文化建设机制

1. 加强组织领导

所谓大学校园文化建设的合力与共谋，除了内部合力问题之外，对于外部应该从两个方面予以考察：一方面强调大学校园文化建设要与外部环境相适应；另一方面还要强调外部环境促进大学校园文化的建设与发展。

在大学校园文化建设中，政府可以从自身职能出发，利用间接的宏观管理方式促进其建设发展。具体方式包括以下四种：一是政策方式，即通过制定相关政策来引导学校

进行文化建设的行为；二是经济方式，即在拨款、资助、投资、奖励和招标等教育经费分配过程中通过合理的倾斜来调整提高文化方面的投入；三是信息服务的方式，即通过提供信息服务来使学校有选择地决策自己的行为；四是监督评价方式，即政府教育部门通过检查、鉴定、评估等活动来对文化建设情况进行检查监督。只有内外兼修，调动多方面的积极性，才能整合资源，凝聚力量。

2. 完善校园制度

大学校园文化需要制度框架的支撑，大学校园文化是娇嫩的花朵，高贵的理念也只有在与之相容的正式制度下才能存在并得以发扬。因此，只有完善各项制度措施，大学校园文化的凝聚力和创新力才能竞相迸发，大学校园文化才能卓尔不群、历久弥坚。

具体来说，各项制度措施的完善必须着眼于以下几个方面。

第一，在起点上，一项制度措施的制定与完善首先要建立在民主和法制的基础之上，反映在大学校园文化中，就是依法治校和民主管理，有这样一个逻辑前提，才有可能营造一个宽松和谐的学术环境，发扬批判和独立的精神，鼓励教师进行开创性的研究。

第二，在转变学校行政职能方面，要更多地体现"精神性"而非"物质性"，"全员性"而非"科层性"，加强教授治学、教师参与学校学术事务管理的权力，唯有如此，学术权力才能超越行政权力。

第三，各学科的高度交叉和融合是当前全球语境下学术发展的必然选择，因此，要改革现有的学科和科研管理的组织模式，不断地提高大学的学科和科研的管理水平，以更好地适应现代学科的发展，促进学科的交叉和科技创新。

（三）加强校园物质文化和精神文化建设

1. 校园物质文化

建设校园物质文化主要是指学校的基础设施建设。一所好的高校一定是拥有良好校园文化精神的学校。在物质文化层面，就是校园整体布局科学、合理，注意校园绿化建设，体现人文关怀，教学区、实验区、宿舍区、活动区等建设合理协调。高校可以利用公共场所的名人雕塑，陶冶大学生日常的精神生活，因为这些标志性建筑能够体现"真""善""美"的价值理念；可以将名人名言张贴于公共场所或室内。同时，高校的校广播电台、校内网络、校报、校刊、校电视台也应大力宣传社会主义核心价值观，使学生在潜移默化中受到社会主义核心价值观的教育。总之，高校要加大对校园文化"硬件"设施的投入，充分利用好校园中的各种文化载体，增强大学生思想政治教育的影响力和辐射度。

2. 校园精神文化

校园精神文化是大学的内隐文化，是在长期的校园物质文化、制度文化创造过程中积淀、整合和提炼出来的。校园精神文化包括学校所有成员的群体意识、舆论氛围、精神风貌、人生态度、心理素质、价值取向、人际关系、思维方式和教风学风等。高校要通过大学精神来体现出大学生思想政治教育的目标。在具体实施上，高校可以将道德教育体现在校训、校歌、校徽、校标上，以一种奋发向上的精神鞭笞大学生、激励大学生，这同时也是良好的校风建设。高校要使大学生形成自我教育的习惯，要尊重学生的首创精神，要使民主之风在学校中蔓延，要完善评价激励机制，要高调表彰先进、树立典型，使良好校风浸染每个大学生的心灵。

（四）加强对优秀传统文化的吸收和借鉴

1. 积极地弘扬传统经典文化

中国传统文化，指的是以中华文化为源头、中国境内各民族共同创造的、长期历史发展所积淀的文化。积极弘扬传统经典文化，首先，必须坚持马克思主义的指导地位。马克思主义理论是指导中国特色社会主义建设的理论基础，为我党代表先进的文化指引了方向。因此，我国高校校园文化建设中必须坚持马克思主义的指导地位不动摇。坚持马克思主义的指导地位，在新时期，就是要用社会主义核心价值观教育人民，在社会中形成共同的理想追求和精神支柱。其次，应传承和发扬中华民族的优秀传统文化和民族文化。民族的就是世界的。中华文化作为世界文化的重要组成部分，自身的繁荣发展是世界文化繁荣发展的根基，中华文明的发展进一步促进着世界文化的发展。除了营造良好的传统文化教育环境，借助现代各种媒介进行大力宣传，积极地引导他们学习、了解传统文化的相关内容外，高校还应帮助大学生提高对中国传统文化和历史知识的重视程度，从而更好地把自己塑造为适应社会和时代前进所需要的复合型人才。

2. 吸收借鉴西方文化精髓

高校校园文化建设应注意帮助大学生树立正确的民族意识与国家意识，对本民族和民族文化保持高度的自豪感和自信心，同时引导学生正确认识西方文化，避免大学生对西方文化的盲目崇拜。

第一，建立现代大学制度，形成与国际接轨的大学管理体制。

第二，加强学生的各种国际交流，开展各种国际学术交流与合作我国高校应进一步适应自身国际化发展需求，努力创造条件增加出国留学和来华留学的人数，有效地创造我国高校学生到国外学习的机会，增加出国留学的人数。面对国际化的迅速发展，我国高校校园文化建设另一个非常重要的任务和内容是，要大力加强国家间的交流，在国家间进行合作研究。一方面有助于我国高校校园文化建设培养国际化的人才；另一方面也将强化我国高校的国际学术研究。

第三，吸取西方文化的精髓。高校校园文化建设应在各种国际交流活动中，注意剔除西方文化的糟粕，把握其民主、法制、自由和平等、宽恕与博爱等西方主流文化的精髓，并将之贯穿于校园文化建设之中，与传统文化交叉融合，相互补充、相得益彰，培养学生更加健康的人格和素质，以充分发挥高校校园文化的教育功能。

第四节　新时代高校思想政治教育的专业课程创新

一、思想政治教育与专业教育融合的依据

加强并推进高校学生的思想政治教育和专业教育，这是实现高校人才培养工作的德育属性和智育属性二者有效融合的重要前提和基础。

（一）教育理念具有共同性

思想政治教育和专业教育都服务于高校人才培养工作，目标是立德树人。在专业教育中融入思想政治教育不仅可以更好地帮助学生巩固专业理论知识，提升专业技能，培养专业素养，同时还能提升学生的思想政治素质、道德素质，使学生更好地适应并融入将来的工作岗位。高校人才培养工作不仅需要借助专业理论环节，同时也需要借助专业实践环节，将思想政治教育融入专业理论教学和实践教学，并从专业教育的角度和思想教育的角度考核和评价学生。这样能够收到更好的育人效果，同时还可以有效地促进专业理论教学和专业实践教学工作的顺利开展。对此，共同的育人理念使得思想政治教育与专业教育具备了融合的前提和基础，也为科学搭建思想政治教育与专业教育相互支撑的平台提供了可能。

（二）教育目标具有一致性

思想政治教育和专业教育作为高校人才培养工作的重要组成部分，体现着对"成人"和"成才"目标的追求。专业教育主要是让学生在专业理论教学和实践教学环节学习专业知识、运用专业知识、提升专业技能、培养专业素养，把学生打造成为社会发展所需要的"职业人"，这是对"成才"目标的追求。思想政治教育主要是提升学生的思想政治素质、道德素质、社会适应能力和可持续发展能力，把学生打造成为爱国、敬业、诚信、友善的"公民"，这是对"成人"目标的追求。专业教育的"成才"目标和思想政治教育的"成人"目标都统一于高校人才培养工作的全过程，思想政治教育与专业教育在人才培养目标上并不矛盾，都是要在教育实践中将学生培养成全面发展的合格人才。

（三）教育内容具有互通性

尽管思想政治教育和专业教育在教育内容上有所侧重，但二者在教育内容上也并不是完全封闭的，相反，二者在教育内容上具有互通性。在专业教育中，不仅要让学生获得较强的专业理论分析能力，形成较强的专业综合素养，还要培养学生较强的专业信念、专业精神和创新能力，进而提升学生的岗位适应能力和职业发展能力。而这些能力的形成恰恰是思想政治教育的重要内容，它的实现依赖于思想政治教育的介入和参与，否则专业教育将难以持续有效地实施并取得预期成效。对此，在教育内容上思想政治教育与专业教育并不是完全封闭的，而是相互贯通的，在专业教育中融入思想政治教育是可行的，能够依托专业教育平台对学生进行有效的思想政治教育，进而提升学生的思想政治素质。

（四）教育进度具有相似性

高校人才培养工作是一项系统的人才培养工程。为了更好地实现高校人才培养目标，各高校在人才培养方案中对思想政治教育课程和专业教育课程有明确规定，并列出了具体的教学学时和教学学分，同时对两类不同课程的教学进度和教学要求也有严格的安排，这就使得思想政治教育课程和专业教育课程能够在不同的时段有序实施。对此，专业教育课程中开展思想政治教育在教学进度上是不矛盾的，是完全可行的，思想政治教育可以结合专业教育课程的性质和进度进行灵活安排，依据不同的专业教育课程选择不同的思想政治教育的内容。依托专业教育开展思想政治教育，在专业教育中融入思想政治教育，不仅不会冲击专业课程教学，还能保障并促进专业课程教学的顺利组织和实施，帮助专业课程教学达到预期的目标，更好地提升专业人才培养质量。

二、思想政治教育与专业教育融合的困境

思想政治教育与专业教育融合是提升思想政治教育实效、促进专业教育发展的重要途径，但在现实工作实践中思想政治教育与专业教育融合仍然面临一些亟待解决的难题。

（一）德育理念有待落实

首先，高校管理者的治学理念存在某些偏差。高校最根本的任务是进行教书育人，实施高质量的人才培养工作。但在某些高校管理者的治学理念中，学校办得好不好、学校美誉度高不高、关键看科研成果多不多、学术水平高不高。重科学研究，轻人才培养；重专业教育，轻道德教育就成为当前高校治学的真实写照，高校人才培养特别是学生的思想政治教育往往处于边缘化的危险境地。高校管理者未能从"立德树人"这个高校立身之本出发，调动资源，加强学生的思想政治教育，在落实专业教育中融入思想政治教育的育人理念，致使智育与德育常常处于分离状态。

其次，专业课程教师的思想认识存在不足。某些专业课程教师单纯地将思想政治教育理解为没有实质性内容的说教，对学生进行思想政治教育既"耗时"又"无用"，因而他们难以在专业教育中对学生进行思想引领和价值塑造。此外，某些专业课程教师片面地认为思想政治教育是思想政治理论课教师和辅导员的工作，与自己无关，自己的主要工作就是上好专业课程、传授专业知识、提升专业技能和做好专业研究。这种片面的认识使得专业课程教师缺乏将思想政治教育融入专业教育各个环节的意识，未能在专业教育中渗透思想政治教育，因而只关注知识传授，忽视了价值引领和塑造，导致教书与育人常常处于割裂状态。

最后，专业课程育人功能发挥不充分。尽管专业课程与思想政治理论课在教学目标、教学内容和教学功能上有所差别，但二者都服务于高校人才培养工作。尽管专业课程主要教授学生专业知识和专业技能，形成较强的专业综合素养，但同样蕴含着深刻的教育理想和价值取向，是对学生进行思想政治教育的重要载体。当前，由于各类专业课程教师尚未充分认识到专业课程本身的这种教育功能，未能充分发挥专业课程的德育功能，因而不能很好地将"立德树人"的教育理念贯穿专业教育全过程。

（二）育人行动有待协同

首先，专业课程教师欠缺育德意识。高校教师不仅要对学生进行"授业"和"解惑"，

更要"传道","传道"是高校教师的第一职责。赫尔巴特认为:"道德普遍地认为是人类的最高目的,因此,也是教育的最高目的。"专业课程教师在教育教学中普遍存在注重知识教育,忽视道德教育,其根本原因是未能树立良好的"传道"意识,育德意识比较欠缺。专业课程教师片面地认为思想政治教育是思想政治理论课教学部门、学生工作部门以及党团工作部门的事情,在思想上并未意识到对学生进行德育的责任,在行动上并未承担起对学生进行德育的义务。专业课程教师往往只负责对学生"授业",未能承担起对学生"传道"的责任,因此知识教育与道德教育常常处于脱节状态。

其次,专业课程教师育德能力明显不足。受到狭隘的学科优势论和学科保守主义的消极影响,专业课程教师不同程度地存在学科自信和专业自信的倾向,因而限制了专业课程教师在不同学科、不同专业间的对话和交流,教师学科知识和学科素材的移植和引用能力普遍不足。专业课程教师不仅缺乏深入挖掘专业课程中蕴含的思想政治教育元素并使之以渗透的方式融入专业课程教学的能力,同时也缺乏借鉴其他专业课程中蕴含的人文素养资源并使之以移植的方式融入专业课程教学的能力,难以对学生进行有效的人文关怀和人文影响。

最后,专业课程教师育人行动有待协同。依托专业教育开展思想政治教育,突破了单一专业和单一课程的范围,属于典型的跨专业和跨课程的复杂工作。由于不同类型的专业课程具有不同的教学目标和教学要求,履行并承载着不同的育人功能和职责,这就使得不同专业课程教师容易陷入各自为政、自我封闭的状态,容易把知识传授和育人行动完全固化在单一专业课程内部,因而不仅无法实现不同专业课程知识的有效衔接和贯通,也难以实现不同专业课程育人行动的有效协同和联动。这不仅弱化了在专业教育中融入思想政治教育的实效,也降低了协同育人的整体效果。

(三) 德育元素挖掘不充分

首先,专业课程教师德育资源和德育元素挖掘和运用不充分。由于专业课程教师缺乏育德意识和育德能力,使得专业课程教师难以主动挖掘并运用不同课程蕴含的思想政治教育资源对学生进行思想政治教育。一是专业课程教师育德资源挖掘和运用不足。教师是学生健康成长的引路人,教师高尚的人格对学生具有直接的教育和感化作用。专业课程教师尚未充分认识到思想政治教育的重要性和紧迫性,因而在专业课程理论教学和实践教学中并未充分挖掘并运用教师自身人格的力量对学生进行教育和感化,教师自身拥有的"言传身教"和"行为示范"等育人资源挖掘不充分,运用不足。二是专业课程育德资源挖掘和运用不足。专业课程蕴含着教育理想和教育价值，是对学生进行思想政治教育的重要资源。受思想认识和能力水平的限制，专业课程教师不仅未能充分挖掘专业课程蕴含的理想信念、家国情怀和责任担当等育人资源，同时也未能在专业课程教学中结合当前的现实热点和难点问题，导致不能从专业角度运用所学的知识为学生展开价值分析，引导学生作出正确的价值判断。三是地方历史文化资源挖掘和运用不足。地方历史文化资源是对学生进行思想政治教育的天然载体，既自然又亲切。但专业课程教师未能很好地将地方历史文化资源引入专业课程教学，尚未能充分利用地方物质遗产、革命传统、文化名人、民风民俗等育人资源对学生进行思想政治教育。

其次，在专业课程理论和实践教学中融入思想政治教育的力度不够。专业课程教师在专业课程理论教学和专业课程实践教学中，融入思想政治教育的深度不足、广度不够、程度不高，依托专业教育开展思想政治教育的整体效果还有待提升。一是专业课程理论教学中融入思想政治教育深度不够。由于工具理性在社会生活中过渡渗透，使得专业课程教师仅仅看到专业课程理论教育的重要性，只注重专业课程知识教育和专业课程理论讲解，忽视了学生价值情感教育和综合素质的提升。在专业课程理论教学中，专业教师未能紧密结合专业课程教学的性质和特点，有意识地挖掘专业课程理论教学蕴含的思想政治教育资源和元素，并使之有计划有步骤地融入专业课程理论教学中，借助专业历史回顾、专业理论讲解和专业人物介绍等方式教育并感化学生，对学生缺乏有效的人文精神熏陶、道德情感教化以及健康人格塑造。二是专业课程实践教学与思想政治教育结合不紧密。由于受专业课程实践教学场地及其教学资源的限制，专业课程教师未能充分挖掘和利用专业课程实践教学特有的思想政治教育资源，并从实践育人的角度对学生进行思想政治教育，导致思想政治教育在专业课程实践教学中常常处于缺位状态。

（四）机制构建有待完善

首先，高校开展思想政治教育与专业教育融合的领导管理机制不健全。依托专业教育开展思想政治教育，在专业教育中融入思想政治教育，不仅需要全校所有部门、所有教师的配合，还需要全校各个专业、各门课程的配合。但目前的高校人才培养工作实践，尚未从战略高度将思想政治教育与专业教育融合全面纳入高校人才培养规划工作中，也尚未将思想政治教育与专业教育融合作为高校党委加强意识形态工作的重要抓手纳入议事日程并全面推进，因而在管理制度构建和规范体系建设方面还存在许多不健全、不完善的地方。

其次，专业课程教师开展思想政治教育与专业教育融合的协调沟通机制不健全。由于高校未能将思想政治教育与专业教育融合从战略高度纳入到高校人才培养的整体规划中，并使之形成一套完整的制度体系和规范体系，这就导致开展思想政治教育与专业教育融合的协调沟通机制的匮乏。协调沟通机制的缺失使得专业课程教师难以进行有效沟通和交流，专业教育中融入思想政治教育的理念也就难以得到全面有效地落实，也在客观上阻碍了高校思想政治理论课程与高校其他各门课程同向同行、协同效应的产生。高校思想政治教育单打独斗、孤军奋战的情形也就难以得到有效解决，思想政治教育与专业教育依然处于"两张皮"的状态。

最后，专业课程教师开展思想政治教育与专业教育融合的考评激励机制不健全。专业课程教师在专业教育中融入思想政治教育的动力不足，根本原因不仅在于高校缺乏思想政治教育与专业教育融合的战略布局、顶层设计和统筹规划，也在于缺乏思想政治教育与专业教育融合的考评激励机制。由于未能从根本上明确思想政治教育与专业教育融合的考评要求、激励措施和惩戒方法，使得专业课程教师在专业教育中缺乏对学生进行思想政治教育的动力，不愿意或者不主动承担对学生进行思想政治教育的责任，而是将主要的工作精力和工作重点放在向学生传授专业知识和培养学生专业技能上。考核评价讲解，忽视了学生价值情感教育和综合素质的提升。在专业课程理论教学中，专业教师未能紧密结合专业课程教学的性质和特点，有意识地挖掘专业课程理论教学蕴含的思想政治教育资源和元素，并使之有计划有步骤地融入专业课程理论教学中，借助专业历史回顾、专业理论讲解和专业人物介绍等方式教育并感化学生，对学生缺乏有效的人文精神熏陶、道德情感教化以及健康人格塑造。此外，专业课程实践教学与思想政治教育结合不紧密。由于受专业课程实践教学场地及其教学资源的限制，专业课程教师未能充分挖掘和利用专业课程实践教学特有的思想政治教育资源，并从实践育人的角度对学生进行思想政治教育，导致思想政治教育在专业课程实践教学中常常处于缺位状态。

三、高校思想政治教育与专业教育融合的实施路径

专业教育是思想政治教育的重要依托和载体，要结合不同课程特点、思维方法和价值理念，深入挖掘专业教育课程蕴含的思想政治教育资源和元素，使其有效融入专业教育课程教学，达到润物无声的育人效果。

（一）落实"立德树人"的教育理念

高校肩负着培养德智体美劳全面发展的社会主义事业建设者和接班人的重大任务，

"立德树人"是高校立身之本,要将"立德树人"的教育理念落实到高校人才培养工作中,落实到教师的育德行动中,落实到课程的教学过程中。

首先,高校要始终坚持"四个服务"的育人导向。我国高等教育发展方向要同我国社会主义改革和建设的现实目标和未来方向保持一致,坚持为人民服务;坚持为中国共产党治国理政服务;坚持为巩固和发展中国特色社会主义制度服务;坚持为改革开放和社会主义现代化建设服务。"四个服务"既是方向,又是立场,坚持"四个服务"就是坚持社会主义大学的育人导向,也就是坚持了"立德树人"这个高校办学的根本。坚持"四个服务"的育人导向,实现思想政治教育与专业教育有效融合,要抓住思想政治教育这个关键,将思想政治教育贯穿专业教育教学全过程,引导学生坚持正确的政治方向和价值追求,将立德树人的教育理念落到实处。

其次,专业课程教师要全面落实德育的育人职责。专业教师要自觉树立育人为本、德育为先的育人理念,将德育放在专业人才培养的第一位,将德育贯穿于专业人才培养的全过程,帮助并引领学生树立正确的世界观、人生观和价值观。作为学生健康成长的引路人和价值塑造的引领者,专业课程教师的价值观念和政治立场对学生具有直接且深远的影响。专业课程教师能否对学生进行正确的价值观教育,取决于专业课程教师的综合素质以及专业课程教师能否担负德育的职责。专业课程教师必须把提升综合素质摆在首要位置,自觉提升自身的政治理论素养和道德文化素质,自觉承担对学生进行德育的育人职责。努力成为先进思想文化的传播者,更好担起学生健康成长指导者和引路人的责任。

最后,专业教育课程要充分体现德育的育人功能。虽然专业教育课程与思想政治教育理论课程的功能和定位有所不同,但二者都承担着对学生进行德育的重任。思想政治理论课属于"显性教育课程",主要采取正面灌输的方式对学生进行思想政治教育。专业教育课程则属于"隐性教育课程",主要采取隐藏渗透的方式对学生进行思想政治教育。专业教育课程中往往蕴含着理想信念、家国情怀和责任担当等思想政治教育元素,教师往往以潜移默化、润物无声的方式对学生进行思想政治教育,激发并调动学生为党、为国家、为人民、为中华民族伟大复兴学习的热情,引导学生将祖国的热爱之情转化为奉献祖国、报效祖国的实际行动。专业教育课程渗透思想政治教育并体现德育的育人功能,是深化"显性课程"教育作用、拓宽"显性课程"教育渠道、提升思想政治教育说服力和感染力的重要途径。

（二）挖掘专业课程育人元素

专业教育中融入思想政治教育是以专业教育课程为载体对学生进行思想政治教育。专业教育中融入思想政治教育具有得天独厚的条件和优势，只有充分挖掘专业教育课程中蕴含的思想政治教育资源，将思想政治教育元素融入专业教育中，才能达到思想政治教育的预期效果。

首先，深入挖掘专业理论课程中的思想政治教育资源和元素。专业课程教师要彻底转变思想政治教育"耗时论"和"无用论"的错误观念，主动将思想政治教育目标纳入专业理论教学设计中，使之融入专业教育教学全过程。专业理论课程主要是通过教师"口口相传"的方式进行育人，将德育的内容融入专业理论讲解和专业知识传授之中，使之达到对学生进行思想政治教育的目的。专业理论课程教师要深入挖掘蕴含在专业理论课程中的学科发展历史和名人故事等育人素材，充分提炼蕴含在专业理论课程中的理想信念、科学精神、责任担当等育人元素，并将其以隐蔽的方式融入专业理论教学全过程，使学生接受专业理论知识。同时，专业理论课程教师要善于结合学生当下关心的现实热点难点问题，从专业教育的角度运用所学的理论知识为学生展开价值分析，使学生懂得如何进行价值判断以及得出价值判断的缘由，调动学生学习专业理论知识，提升学生运用理论知识分析和解决问题的能力。

其次，精心选择专业实践课程中的思想政治教育资源和元素。专业实践课程教师要充分利用专业实践教学环节对学生进行思想政治教育，自觉将思想政治教育目标纳入专业实践教学设计中，实现思想政治教育与专业教育有效融合。专业实践课程主要是通过教师的"行为示范"和"言传身教"的方式对学生进行育人。在校内实践教学环节中，专业实践课程教师要将专业实践训练和思想政治教育的内容有效结合起来，将其融入学生实验或实训环节，使学生熟练掌握专业理论知识，培养学生的实践操作能力、观察分析能力、团队协作能力以及求真务实的品格。在校外实践教学环节中，专业实践课程教师要将专业知识运用、技能训练以及企业文化、职业道德有效结合起来，并将其融入学生岗位锻炼和技能训练环节，使学生在实践锻炼中巩固专业知识，提升学生的专业技能，培养学生良好的职业道德、严谨的工作态度和强烈的社会责任感。

（三）组建综合服务工作平台

针对专业教育中融入思想政治教育不充分，资源不集中，行动不协同等问题，有必要构建综合服务工作平台，从而实现思想政治教育与专业教育有效融合，有效解决课程教学中各部门出力不合力、行动不联动的现实难题。

首先，组建行政管理服务平台。行政管理服务平台是指由高校党办、校办、教务、学生以及专业院系等部门共同组成的，为全校各部门提供教学管理、咨询和服务的综合工作平台。高校领导层可以通过行政管理服务平台直接获取思想政治教育与专业教育融合的最新信息，及时了解管理层实施管理的情况、执行层执行情况及存在的问题。管理层可以监控思想政治教育工作的实施方向是否正确，融入的思想政治教育的内容是否科学。同时，要结合高校德育新形势和新任务，加强对专业课程教师的教育和培训，以此提升专业课程教师对学生进行思想政治教育的意识和能力。执行层可以直接与上级进行沟通，汇报思想政治教育与专业教育融合的工作动态及其存在的问题，以获取解决问题的有效对策。

其次，组建课程教学服务平台。课程教学服务平台是指由高校教务处、思想政治理论课教学部门、公共基础课教学部门和专业院系等部门组成的，为全校教学部门提供教学管理、教学咨询和教学服务的教学共享平台。教学部门特别是专业课程教师可以借助课程教学平台直接对话，不仅可以改变不同教学部门之间的理论教学资源和教学经验难以共享的隔离状态，分享专业理论教学中如何开展思想政治教育的经验，帮助解决专业课程教师在专业教育中融入思想政治教育面临的融合方式、融合内容以及融合程度等现实难题；还可以改变不同教学部门之间实践教学资源和教学条件难以共享的状态，使得专业课程教师能够与其他课程教师共享实践教学资源，联合开展实践教学，共同对学生进行思想政治教育，有效解决专业实践教学中存在的师资不足、场地有限、资源不够等现实难题，进而提升实践教学实效。

（四）完善工作运行机制

高校要从顶层设计、统筹全局的战略高度完善领导管理机制、激励约束机制和考核评价机制，以此激发和调动专业课程教师对学生进行思想政治教育的动力，有效解决专业教育中融入思想政治教育动力不足、融合程度不高等现实难题。

首先，完善领导管理机制。高校党委必须落实主体责任，从宏观层面加强对思想政治教育工作的顶层设计和统筹管理。科学构建层贯通的管理机制，使"立德树人"的理念真正融入教学、管理和服务工作中，实现教书育人、管理育人和服务育人。一是要明确高层管理责任。高校领导要站在全局的高度，做好思想政治教育工作的统筹管理，明确管理责任、落实责任分工。二是要抓好基层管理工作。高校各部门应按照高校人才培养工作的整体规划和工作部署，结合部门工作特点和优势，调整并完善部门的思想政治教育工作计划和工作方案，使思想政治教育工作融入专业教学、行政管理和后勤服务工作中，用专业技能、工作态度和敬业精神影响学生、感召学生，实现教学育人、管理育人和服务育人。

其次，完善激励约束机制。针对当前专业课程教师中存在育德意识和育德能力不足等问题，必须着重构建激励约束机制，引导并激励专业课程教师将思想政治教育融入专业教育中，将知识传授与价值引领结合起来，使专业课程都具有浓浓的"思政"味道。积极运用正面激励的措施，将思想政治教育与专业教育融合实践中涌现出的好做法和好经验加以肯定和强化，使其形成强大的正面引导和示范效应。同时，要主动采取负面约束的办法，将思想政治教育与专业教育融合实践中存在的错误做法和负面效应及时进行否定或修正，进而达到纠偏和警示的作用。

最后，完善考核评价机制。针对专业教育实践中存在的考核评价机制不健全、考核评价指标不科学、考核结果不运用的问题，有必要建立科学、合理、客观、全面的考核评价机制，以此激发专业课程教师对学生进行思想政治教育的动力。既要将道德教育评价指标纳入专业课程教师人才培养考核评价指标体系中，实现对专业课程教师进行专业教育和道德教育的双重考核，推动教师主动担负起对学生进行思想政治教育的责任，同时要重视考核评价结果的运用，将考核评价结果全面运用于专业课程教师的年度考核、评奖评优、岗位聘任、职务调整、职称晋升等方面，增强专业课程教师实施思想政治教育的责任感和使命感。

第七章

新时代高校大学生思想政治教育实效性评价体系

第一节　大学生思想政治教育自我评价体系

一、自我评价的内涵与目的

（一）自我评价的内涵

自我评价是自我意识的一部分，它同自我意识一样具有社会性，并且是由社会条件决定的。一方面，大学生评价他人的标准同样适用于评价自身，大学生只有在自己所处的社会关系中体验自身的价值，进而评价自己；另一方面，周围的人对大学生的行为和活动结果的评价以及直接对他们的个性品质的评价，实际上是向大学生提出了一个符合周围环境和社会发展要求的标准，同时也反映了他们与周围环境和社会发展之间的相互关系。

大学生的自我评价不是自我的自发功能，是预设价值条件或所追求的目标对自我状态的期望。当大学生个体实现自我价值的目标逐步清楚并确立后，大学生个体就会产生评价的愿望。因为目标是大学生个体期待指向的一个终点，是个体对前一段时期行为的肯定。可见，目标是产生积极自我评价的必要条件。

自我评价主要有以下四种方式：一是参照他人对自己的评价态度，来评价自己的思想政治素质状况；二是根据自己以往所接受和内化的社会团体规范和角色规范作为追求的标准，对自己的内心活动和思想政治素质状况进行评价；三是根据自己的社会存在现状和所取得的现实成果，与他人的社会存在现状和所取得的现实成果的比较来评价自己；四是根据自己的社会经验来进行自我得失的评价。

（二）自我评价的目的

新时期高等教育的目的就是要培养一批适应全面建成小康社会的有用人才，引导学生努力学习和践行社会主义核心价值体系，使其具备良好的综合素质和高尚的人格。要检验培养出来的大学生是否符合高校素质教育和社会发展的需要，可以通过大学生的思想政治教育的自我评价来进行。自我评价的目的是促进自我发展、适应社会需求。

首先，自我评价是感受自我的有效途径，感知生命的价值，感悟人生的意义，感知事实对自身发展的影响，将社会标准内化为自我标准具有重要的作用。个体在社会生活中的任何进步都是经过内心的体验而产生的自觉行动。评价使个体意识到自我的存在、为什么存在以及怎样存在，从而使个体具有自省和批判的能力。

其次，自我评价的内容涉及个体生存发展的状态，包括精神升华、学习成才和感受成功。精神升华是在一定的教育环境熏陶下，个体理想信念的确立、爱国主义精神与民族自豪感的凝聚和不断强化、人格的塑造、个体品质的修炼、责任感的具备、内心的淡定等；学习成才是大学生个体在学校教育环境中，掌握专业知识的技能，具备胜任某种行业的岗位要求的工作本领；感受成功是个体在自我引导与成长的过程中，自我成就感不断强化，以及所向往和追求的目标实现的可能性被确认。

最后，自我评价的手段是为了了解、认识自我，开发自我，最终实现自我。了解、认识自我是个体从被动的我向主动的我的角色转换。被动的我是个体对命运的依赖，是随遇而安、不思进取的消极状态；主动的我是自觉的意识、自悟的体验所生成的做自己主人的积极状态。了解、认识自我是评价中的自我权衡，使自我在否定中肯定，从而在扬弃中发展，提升自我；开发自我是在了解自我和认识自我的基础上，激发自我的潜在能量，使自我充分释放、充分诠释。实现自我是在自己正确的思想意识指导下，将自我融入社会，实现自我价值和社会价值的统一。

二、自我评价的衡量尺度

应从社会的角度去理解自我评价。自我不是抽象和封闭的自我，而是与外界不断交换信息，彼此间相互影响的自我。自我评价就是依据社会标准对理想自我实现路径的一种选择。

（一）目标引导是自我，评价的有效途径

在一定意义上，自我评价是以理想指引现实，对个体思想、学习等状况的自我估价，是理想中的我与现实中的我之比较与对照。理想未来的我与制定的目标相联系，构成要达到某种状态或成为什么样人的一种预期。预期愿望反映到特定的指向，目标就成为评价所发挥功能的衡量尺度。个体目标的确立是从自身主客观条件出发，确定人生理想和抱负的自我修正过程。由于处在人生不同发展阶段个体自我认识水平的差异，自我引导的能力也有所不同。孔子曾说："吾十有五而志于学，三十而立，四十而不惑，五十而知天命，六十而耳顺，七十而从心所欲，不逾矩。"这是一个粗略的人生坐标，在这样一个坐标上，人生的几个阶段需要做的事情被特别地强调出来，而且每一个阶段心境也是不尽相同的，这就说明人生历练对自我的引导作用。从这个意义上讲，自我评价是人生历练中自我引导的过程。

（二）标准是自我评价的参照体

由于标准具有自我属性和社会属性，两者相互影响、相互渗透，构成自我评价的核心要素。一方面，自我是独立的个体，是具有独立意识的自我；也就是说，个体的思想、行为等都来源于自我意识的指导和影响。正如每个人都有各自的为人处世标准，社会才出现了复杂的人际网；正是个体的内在标准不同，才构成个体间的差异。另一方面，自我只是相对的自我，每个自我都是存在于社会之中，它是在社会关系中生存的我，自我意识是社会存在的反映，自我标准是否科学，除了要符合自身实际情况之外，也要接受社会价值标准的检验。两者相互影响，相互转化，形成自我评价的活动。自我评价是个体参照社会标准对自身修正的过程，将不符合社会价值判断的标准，进行自我更改与完善，从而达到评价的目的口。

总之，大学生是不断发展、日趋成熟的独立个体，其自我认识、自我评价方面都达到了一定的发展水平；大学生思想政治教育自我评价目的不是对自身品行做出结论，而是通过自评使大学生发现自身优势和不足，并在自我评价教育过程中产生强大的自我约束力和全面发展的内驱力。

三、自我评价的作用

把思想政治教育评价工作交给学生，使学生由被动地接受评价变为主动地接受教育，

进而激发学生开展思想政治教育评价活动的动力和自信心，使学生乐于接受这种评价，从而完成自我评价的任务。

（一）帮助大学生实现理想和追求

大学生正处在人生的黄金时代，处在一个精力充沛的发展阶段，他们如何评价自己，不仅仅为他们的成才确定了一个基础和前提，同时也制约着他们对自己未来目标的确定。大学生的自我评价决定着他们实现理想的途径。假如，他们的自我评价认为自身在某方面的知识欠缺或者经验的不足，阻碍了他们理想的实现，就会做出相应的努力。由此可见，自我评价影响着个体理想的确立理想的发展轨迹以及实现路径。

（二）有利于大学生自信心的树立

大学生思想政治教育的自我评价与自信心的确立有着密切的关系，对自己有无信心和过分自信的现象同时也是自我评价现象，它取决于个体正确评价自己的程度。对自己的信心是建立在正确评价自己的力量和潜力的基础之上的。在这种情况下，人的行为将符合自己的潜力和环境对他的要求。缺乏自信是以过低估价自己的品质和潜力为基础的，过分自信则以过高评价自己为基础。

大学生思想政治教育的自我评价使大学生在与他人的比较中发现自身弱点和长处，了解自我与社会期待、社会标准之间的差距，从而调整自我的发展方向，控制和改进自我的角色活动范围，纠正或强化自我的某些特点。自我评价的这种调节作用是基于大学生的自觉，因而对大学生行动的影响是深远的。

（三）调节大学生相互间的人际关系

大学生思想政治教育的自我评价实质上决定了他们对待周围环境的基本态度以及方式、方法，决定了他们自己对自我在周围环境中角色和地位的定位和认识。由于自我评价调节着大学生的行动，因而不难理解，大学生的自我评价影响着大学生与周围环境的关系，以及他们相互的人际关系。

四、自我评价体系的建构及方法

（一）建构的方法

大学生自我评价体系的建构应该以促进大学生的成才为目标，以符合自身发展和社会需要的标准为依据，以提高大学生的能力为根本，以调动大学生的主动性为手段，采取目标引导、标准细化、自我选择、多元评价的方法。

1. 目标引导是确定自我评价的基础，是大学生行为的衡量尺度

将目标作为评价的方向，就是根据大学生个性特点，帮助其设计目标的体系，使总目标与分目标系统相互支持和相互促进。总目标是大学生个体发展的主导方向，对大学生发展起着支撑的作用。分目标是大学生个体在精神升华、学习成才、体验成功中要获得的结果。涉及大学生生活的多个方面，对大学生个体行为有现实的指导意义。

2. 标准细化就是在评价中随着个体和周围环境的变化标准的明朗化、具体化

标准的具体化弥补了大学生个体因经验不足而导致的行为盲目性，强化了大学生个体的思想政治意识，并有利于将社会标准内化为自我标准，进一步提高学生的自我要求与标准。

3. 自我选择是大学生个体根据目标系统与自身的现实情况进行"量体裁衣"

自我选择使个体的理想、目标、标准与行为相适应，对自我既不盲目"拔高"，也不轻易"贬低"，正确对待自己，使自我具有正确的目标选择的能力。自我选择避免了自我评价出现"空中楼阁"的现象，使其具有贴近自我、贴近社会的特性。

4. 多元评价是以标准为依据与外界信息相互交换的开放系统

"多元"指的是自我评价体系的设计应与自身的多元素质结构相适应；分层次指的是个体目标的设置应具有梯度，使个体现实的结果与未来的结果相适应形成自我发展的良性循环；开放系统是指将学校评价和社会评价作为自我评价的影响源，以保持自我与社会的融合。所以，多元的自我评价是当今社会文化多元化趋势的必然要求 []。

（二）建构的内容

大学生自我评价体系的建构，包括以下三方面内容：首先，要建立大学生个体自我评价的理论模型，这是开展自我评价工作的前提。其次是目标系统的设计总目标应定位于大

学生的成才，分目标是大学生发展过程中必要的构成要素。最后是围绕分目标制定具体标准，使自我评价具有可操作性和指导性。

第二节　大学生思想政治教育学校评价体系

一、建立学生评价体系

为了适应社会主义现代化建设的需要，全面建成小康社会，构建社会主义和谐社会，培养学生个体发展的全面素质，提高学生的思想品德修养，应用型本科院校需要对大学生的思想政治素质进行科学而又全面的评价。

（一）坚持科学发展观

一是按照对社会主义事业建设者和接班人的要求，针对现代社会的多元化趋势，在评价目标上要体现层次性，使具备不同政治觉悟和道德水平的学生最终获得不同的评价。建立公平公正的大学生思想政治教育学生评价体系，使低层次的学生主动向高层次迈进，最终使整体水平的提高。

二是根据新时期的需要和要求，赋予大学生思想政治教育学生评价以时代内容。新时期大学生思想政治教育学生评价的内容应当着重强调以下几点：第一，诚信品质。这是测评学生对自己、对社会是否信守约定，是现代用人单位录用制度中必须考核的重要指标，也是一个人的立世治本。第二，团队精神。测评团队精神主要是考察学生的大局意识、集体观念、考察团队合作精神和协作能力。因为人不仅是独立的个体，而且也是社会的人。第三，沟通能力。主要考查有没有良好的人际关系，能否和他人和谐相处。第四，情商。评价大学生是否具备在挫折和失败面前保持镇静、信心和坚强勇气的品质，是否有能力进行自我调整、保持良好心态，是否能够正确控制自己的情绪等。第五，个性发展。其评价的目的在于发现和挖掘大学生在思想道德素质方面的个人潜质和个性特长，使其在思想道德素质方面有超过常人的发展。第六，人文素质，指大学生专业素质之外的文化底蕴、艺术修养、审美情趣以及关心社会、关心人类的态度和精神，是人的思想道德素质中不可缺少的部分。总之，要注重提高学生"做人"的能力。

（二）定量与定性考核相结合

1.建立内容全面、体系完备、有实际操作性的数字化学生评价机制体系

在学生个体多元化发展的趋势下，把培养目标和评价方案通过数字量化成具体指标，建立数字化的评价方案，可以将计算机技术引入到学生的思想政治教育管理之中，如此，可以及时掌握和分析学生在校期间的言行，成倍地提高我们的大学生思想政治教育的有效性。

2.构建学生评价网络化平台，为学生评价体系加入高科技手段

利用网络平台，学生可以查阅自己的有关信息，找出自己与他人以及与学校培养目标之间的差距，随时掌握自己的努力方向。利用网络平台还可以随时了解到学校各种人才培养模式和相应的评价体系，选择适合自己的发展方向和成长空间。

3.在各种量化指标的落实中结合定性的考核因素

保证量化的合理性，最终实现定性与定量的结合。只有这样，才能全面而客观地了解和掌握学生的思想和行为。

二、建立班级评价体系

（一）班级评价的含义

班级管理与评价是高校大学生思想政治教育工作的重要环节。加强班级管理与评价，营造出良好的学习和生活氛围，有利于学生的健康成长和全面发展。

在日常的教育管理中，学校关于学生教育管理的规章制度没有切实地细化到对学生的日常管理中，这使得制度与教育相脱节。而要想顺利推进素质教育，取得大学生思想政治教育的实效性，必须结合学校规章制度，注重班级管理与评价的整体化、多元化和个性化。透过各高校的班级建设实践，我们发现，在班级管理方面采取量化评价是切实可行的一种操作简便的评价方法。量化评价可以发挥正确的教育导向作用，把班级管理由虚变实、由不定性走向规范、由单纯空洞的说教变为实实在在的量化，这样可以改变个体学生的思想学习观念、态度，从而整合每个人的思想行为，最终促进班风学风的良性发展。

班级量化评价就是利用强化原理，把各级教育要求和行为规范的内容量化为一定的分值，然后对班级工作进行考核记分的种评价方法。这种方法充分发挥了整体评价的教育和

激励功能，引导和促进班级学生全面发展。

（二）班级评价的原则

1.评价标准的制定既要全面又要突出个性

学生的思想是具有可塑性的，他们很容易受到外界的影响。量化评价对于班级以及个人而言，对班级的建设、学生个人的兴趣、爱好、性格等都有着不可否认的影响。所以在制定量化标准时，要从规范班级学生的言行、激发学习热情等方面出发，促进学生综合素质全面提高，从而促进优良班风学风的形成。另外，多元化的发展形势，要求班级管理应该促进学生的个性发展。为了促进学生个性的发展，应当在班级量化评价中，注重给学生的个性发展创造表现和深化的评价空间。最终做到"共性"与"个性"的有机统一。

2.班级评价要具有导向性

量化评价的最终目的就是要规范学生的一言一行，这就要求在制定评价标准的过程中结合学校的规章制度和教育要求、社会发展的要求以及班级的实际情况，体现出量化的导向性。也就是能够正确意识引导学生的思想和行为方式。

3.评价标准的制定要公平公正

不管是量化指标还是实际操作都要体现出公平、公正，只有这样，学生才能乐于接受，增强评价的可信度。因为制定的量化标准是直接与学生的某些切身利益以及班级的整体利益相关联的。在评价过程中，如果存在不公平、不公正的方面，那么评价结果就会出现误差，就会有学生反对，破坏评价的可信度，也会阻碍优良班风学风的形成。

4.评价标准的制定要体现统一性、主体性和学生个体性

量化评价的其中一个目的就是要帮助学生和班级认清自身存在的问题，引导其找出解决问题的方法。这就要求量化标准的制定要突出学生的主体地位和个性发展。班级是大学生的基本组织形式，也是大学生自我教育、自我管理和自我服务的主要组织载体，是大学生思想政治教育的主要载体，处于主体地位。从评价指向的角度而言，班级评价要为班级建设服务，要体现班级的主体性。在进行班级评价时，必须结合班级学生所处的行为环境，考虑其所处班级环境的统一性，否则，离开了学生具体行为发生的环境，就无法去了解学生真正的动机。另外，班级又是由不同的个体组成的，每个学生都有自身的特点，所以班级评价除了要体现班级的整体主体性之外，还要体现学生的个体性。

5.评价标准的制定要有弹性

所谓弹性，就是制定的标准要粗细结合。对于一些具体的操作性强的行为可以制定详细的评分标准，而对于内隐的抽象的项目，则应该根据不同年级和学生认识水平，运用概括性的语言进行表述。这样，制定的评价标准除了具有可操作性之外，也给学生的自我约束及班级整合留下弹性空间。

（三）班级评价的意义

1.有利于发挥学生的自主管理意识

班级量化评价对个体学生各方面的表现情况都做了详细的量化，要求学生及班级按照学校的教育要求和规章制度完善自我，激发自身潜能，全面要求自己，激励合理个性的发展，增强学生自我约束力，规范自身言行，促进学生健康成长，求得综合素质的提高，这是良好班风形成的前提条件。

2.有助于发挥班级学生干部的积极性，增强班级管理的针对性

班级量化评价对班级建设进行了明确的规定，学生干部可以在辅导员的指导下，制定适合本班级实际情况的班级规章制度，并与班级量化评价标准相适应，这样可以增强班级的实力，有助于班级建设和提升班级整体实力。

3.有利于加强学校大学生思想政治教育的实效性

通过班级量化评价，将其评价结果与奖励挂钩，可以调动学生的积极性和提高其关心度，促进思想政治教育的发展，有利于学生教育管理工作的顺利开展。

三、建立辅导员考核评价体系

（一）辅导员考核评价体系建立的必要性

辅导员是开展大学生思想政治教育的骨干力量，是学校学生日常思想政治教育和管理工作的组织者、实施者和指导者。

要取得大学生思想政治教育的成果，一定意义上，"要建立完善大学生思想政治教育专职队伍的激励和保障机制。完善思想政治教育队伍的专业职务系列，从思想政治教育专职队伍的实际出发，解决好他们的教师职务聘任问题，鼓励支持他们安心本职工作，成为思想政治教育方面的专家。要采取有力措施，着力建设一支高水平的辅导员、班主任队

伍，学校要从政治上、工作上、生活上关心他们，在政策和待遇方面给予适当倾斜。"其中，做好辅导员的考核评价是提高大学生思想政治教育评价有效性的一个重要方面。当前，在各高校十分重视辅导员队伍建设的形势下，不断深化辅导员考核评价体系的研究，建立一套完整、科学且切实可行的辅导员评价机制，对于加强辅导员专业化、职业化建设有着重要的意义。

对辅导员的考核，最重要的环节就是要有一套完善的可操作的评价体系。准确的评价体系，能够反映辅导员的工作能力与成绩，从而可以奖罚分明，形成良好的工作氛围；否则，会导致片面的评价结果，打击辅导员的工作积极性，有可能引起辅导员心理上的职业倦怠。要构建辅导员考核评价体系，必须了解辅导员与普通教师不同的工作性质和特点，只有明白了这一方面，才能进一步明确建立辅导员考核评价体系的必要性。

特点一，工作烦琐，工作量考核只是按照所带学生数来考核。辅导员的工作非常琐碎，它没有任课教师的具体教学任务，也没有强性的科研任务。其工作主要是围绕大学生的思想政治教育开展的，而学生的思想政治状况具有很强的内隐性和灵活性，这就导致了辅导员的工作缺乏统一的衡量指标。

特点二，工作过程具有隐性，地点具有流动性，岗位常常不被人了解与认可。辅导员的工作并没有固定的模式，它是由大大小小的琐碎的事情组成的。有关政策要求辅导员与学生要"同吃、同住、同学习"，使得辅导员的工作地点遍布教室、学生宿舍、办公室、校园里等，工作时间也不固定，除了正常上班外，辅导员的个人休息时间也常常是工作时间，而这就造成了辅导员工作过程趋于隐性，常常不被他人所了解，被别人错认为辅导员的工作量有限，压力不大。

特点三，辅导员个人心理素质和职业状态具有很大的变化性。由于辅导员工作压力大，负担重以及地位低等，会引起部分辅导员的心理波动，导致产生职业倦怠，不利于辅导员队伍的健康发展。

（二）制定辅导员考核评价体系的原则

1. 公平公正原则

在制定考核细则时，考核的方法要符合公平的原则。考核内容、标准、方法和结果也要适时公布。每一个环节都要客观、合理、实事求是，使整个考核过程透明，使评价对象心服口服。

2. 导向性原则

要使评价对象明白：考核不是最终目的，而是一种手段。考核的根本目的是通过评价促进辅导员工作的完成，激发其工作积极性，提高工作水平和效率，促进辅导员的职业化和专业化发展。

3. 重点突出的原则

对辅导员的考核评价，一定要有侧重点。一是事业心和责任心。要把辅导员这个岗位作为职业去认真对待，要有责任去做好本职工作；二是工作成绩。客观准确地考核辅导员的工作完成情况，实行奖惩分明的考核政策。

4. 个性化原则

考核评价体系内容除了常规的考核项目外，还应该设置个性化的考核项目，充分预留辅导员特长展现的空间。在辅导员考核评价体系中，要体现辅导员的个性，要寻找辅导员岗位和每个人能力兴趣之间的最佳结合点，同时要激发辅导员各自专业的特长，使其能够巧妙地运用于学生教育管理过程中，总之要注重发展辅导员的个性。

5. 可操作性原则

在制定考核的量化指标时，要走进辅导员队伍中，了解他们的实际情况，从而制定出有的放矢的指标，指导辅导员的日常工作和评价组织者打分。

（三）制定辅导员考核评价体系的意义

1. 考核评价是辅导员明确自身工作职责的重要手段

通过对辅导员所承担的工作职责的考核，可以使辅导员主动承担责任，认真研究工作方法并检查工作落实的效果，使得其更加明白哪些是应该做的，哪些是当务之急，等等。

通过考核，鼓励辅导员努力工作，勤奋钻研业务，给优秀辅导员以重用，促进辅导员队伍合理流动，实现辅导员队伍动态平衡，逐步实现辅导员整个队伍素质的提高。所以说辅导员工作考核评价是优化辅导员队伍的重要保证。

2. 考核评价是调动辅导员积极性的基础

通过对辅导员考核，可以把辅导员队伍分出层次，鼓励先进、督促落后，这样能够使得辅导员自身把外在压力变为内在动力，通过纵向、横向比较，增强自信心，迸发出工作的热情。由于压力大、工作杂乱、工作生活不如意等都可能引起辅导员的倦怠，消极性不断增强，而要消除职业倦怠，一定程度上通过考核可以缓解。

3. 考核评价是提高辅导员素质的重要依据

如果没有对辅导员工作的考核评价，素质的欠缺、能力的不足并不一定引起每个辅导员的重视，他们有可能得过且过。没有压力就没有动力，同样，没有考核就不会有主动提高素质的强烈愿望。所以，辅导员工作考核评价是提高辅导员素质的重要杠杆。

目前，各学校都把考核评价作为辅导员队伍建设和管理改革的重要内容，把考核评价结果存入组织人事和个人档案，为各方面组织了解和掌握情况，合理使用这批各级的后备干部提供客观依据，从而为部分优秀辅导员提供升职的机会。同样，考核不合格的人员则有可能降职。

四、建立院系工作评价体系

（一）建立大学生思想政治教育院系评价体系的必要性

院系是学校对大学生进行思想政治教育的二级单位，对学生的成长成才起着重要的指导作用。目前，对院系学生思想政治教育工作的考核评价，通常纳入院系学生工作的整体考核评价之中。建立院系学生工作评价体系，是学校教育事业发展的要求，是实现学校人才培养理念的需求，是检验院系学生工作的一个重要手段。只有这样，才能充分发挥学校院系自身的教育引导作用，增强学生教育工作的实效性。

建立大学生思想政治教育院系评价体系有利于规范院系的学生思想政治教育，制定的指标体系会对院系学生思想政治教育的方方面面提出明确而又规范的标准；同时对院系学生思想政治教育评价的实施，还会产生一种文化氛围，引导人们有意识或无意识地按照评价标准完成自身的任务。

评价体系的建立有利于引导院系学生思想政治教育的方向，使其明确未来的重点和用什么行之有效的方法。另外，还有利于消除传统的教育观念，把新的学生思想政治教育理念和策略渗透到日常教育管理工作中。

（二）制定大学生思想政治教育院系工作评价体系的原则

1. 时代性和导向性

大学生思想政治教育院系学生工作评价体系的构建要坚持科学发展观，体现时代精神。只有这样才能适应当代高校人才培养的需要，从而使得院系大学生思想政治教育充满生机活力。

大学生思想政治教育院系学生工作评价体系并不是漫无目的的，必须要适应社会发展的需要，遵守学校的大学生思想政治教育的整体要求，同时还要积极引导大学生的思想政治素质与社会和学校的要求相适应，具有导向性。否则，其评价就会失去了意义。

2. 科学性和系统性

大学生思想政治教育院系学生工作评价体系在概念和结构上要严谨与合理，要符合学校对各部门思想政治教育工作的要求，并且还要与各院系自身特点相结合，可以这么表述：贴近现实就是一种科学。

在制定相关评价指标时，要考虑全面，不能遗漏任何一个指标，而且各指标之间相互配合紧密，这就是所谓的系统性。

3. 公平性和可操作性

我们在制定指标时必须坚持过程的透明度，重视与评价活动有关的院系和人员的想法、需要，尤其要留意反对的意见。还要注意制定的指标必须是从实际情况出发，坚持指标的实用性、可行性。

第三节　大学生思想政治教育社会评价体系

一、社会评价的内涵

大学生思想政治教育的社会评价可以从评价目的、评价主体、评价内容、评价方法、评价结果公布五个方面入手。

社会评价的目的，一是通过评价，了解应用型本科院校进行培养的大学生思想政治教育符合社会经济发展和企业需求的状况，以及大学生展示个人思想道德素养的状况；二是从对现实状况的分析中了解学校对大学生思想政治教育存在的问题并予以纠正。前者以教育的两个基本规律为依据，侧重于学校工作对社会发展和人的发展的贡献度；后者以学校的可持续发展能力为标杆，着眼于学校的整改与提高。

社会评价主体主要包括家长评价、用人单位评价、公众舆论评价。社会评价与大学生自我评价相结合，来对大学生思想政治教育进行评价，要比单纯的本学校、本系统评价更加客观、公正和权威。对于学校而言，社会评价就是大学生思想政治教育的坐标系。

社会评价内容主要包括以下三方面内容。家长评价主要是家长对子女进入大学前后思想政治道德等方面的变化，来纵向地分析子女的表现，从而做出应用型本科院校培养学生质量的评价。用人单位评价主要是通过来自不同应用型本科院校的学生在工作岗位上表现出的思想政治素质、工作能力，以及适应社会的能力，进行横向和纵向比较，从而做出学生培养质量评价。本节中考察的是对学生思想政治教育的评价，评价标准就体现在工作、生活中的思想品德、工作态度、为人处世之中。公众舆论评价主要是社会公民和媒体舆论对大学生思想政治教育的认可程度，主要从社会声誉方面进行评价。

社会评价方法包括评价项目、评价指标、评价等级、调查问卷、操作程序等事项的确定与运作，具有专业性强的特点。评价方法对社会评价的重要意义还体现在评价的客观性、公正性、有效性上。但评价方法应该由评价活动的组织者把握，社会评价应当要与自我评价、学校评价配合进行。如，各项评价独自进行，则可能因为评价项目、标准、等级、程序不同而导致结果迥异，效果不佳，没有说服力。具体操作可以通过在日常社会实践、实习和毕业后的跟踪调查中收集有关大学生思想政治教育的相关信息来完成。

评价结果公布。社会评价的结果必须向社会公布，只有这样，评价才有实际效果，才能达到我们进行社会评价的目的。评价结果的公布可以以相关部门召开新闻发布会的方式进行，也可以通过媒体进行报道。公布的内容既要包括值得肯定的成绩，也要包括需要整改的不足。客观、公正的社会评价结果的公布，才既具有权威性，也具有社会监督的号召性和引导性。

二、社会评价的功能

以往对大学生思想政治教育的评价主要是通过学校和学生的自我评价来完成，当学校与社会互动越来越强时，社会评价就成为充实和完善现有的思想政治教育评价体系的必需了，只有通过社会评价，才能反映出社会发展对当代大学生思想政治教育的客观要求，使应用型本科院校及时调整培养模式、改革课程结构，满足社会对大学生的思想政治素养的要求。而且，随着教育事业的发展，各类有关教育评价、质量评估、大学排名等活动的兴起，有力地推动了社会评价的研究及其理论发展。建立对大学生思想政治教育的社会评价体系，将使得评价理论更加完整，从而使得社会对大学及大学生的认识更为准确。社会评价主要是通过学生走进社会后的反馈来评价学校对大学生思想政治教育的水平，通过社会需求的满足度来评价学校的培养能力，这就要求学校必须面对社会对学生思想政治教育的需求，努力提高学校的教育管理水平和教师教学能力，培养德智体全面发展的社会主义和谐社会的建设者。

对大学生思想政治教育的社会评价在我国现行评估体系中主要由系统内部进行自我评价，在自我认可的基础上，把学校人才培养工作置于社会监督之中，它具有"外压内改"特点。在社会评价的压力下，学校内部必须进行有针对性的改革，以适应社会发展对大学生思想政治教育的要求和学生个体发展的需求。

三、社会评价体系的建构

构建新时代高校大学生思想政治教育的社会评价体系是一项基础性和系统性的工作，由于我国目前社会上独立的教育评估机构发展尚未成熟，目前主要还是由高校组织、依靠社会用人单位和公众舆论进行实际评价活动，它是高校与社会紧密协作的动态运行体系。主要运行实施步骤有以下几个方面。

（一）确定社会评价指标体系

评价指标体系的设计，是开展对大学生思想政治教育社会评价的基本前提，也是社会评价活动开展的关键环节，更是实现其科学性和实践性相统一的钥匙。准确评价大学生的思想政治教育，精确的定量要求难以达到。通过采用科学的模糊性语言，设置科学的模糊性评价指标和评价等级，采取定性评价与定量评价相结合但以定性评价为主的方法，反而能够得出相对准确的科学判断。在制定社会评价的指标体系时，要广泛征询社会、用人单位和学生意见，并参考用人部门的人事考核标准，要比较全面地反映学生在进入社会后思想政治素养的表现。首先组织小范围内的评价试点，然后修订指标体系，保证评价指标体系的科学性和相对稳定性。

（二）选择适当的方式进行社会评价

社会评价由于评价实施的主体与实施途径并非唯一，因而可以采用不同的评价方式，主要有以下三种互为补充的评价方式可供选择。

1. 建立用人单位信息反馈数据库

首先，要选择学生参加实习和毕业生就业评价监测点，形成较为稳定的社会评价反馈网。可以根据学校学生实习或就业分布情况，比如，按照毕业生的数量和层次、地理分布的普遍性、毕业生工作岗位结构的代表性等，选择有典型意义的监测点。其次，与用人单位共同组建监测点的评价小组，设立较为稳定的联络员，并对评价人员进行必要的培训。最后，制度化社会评价体系，以确保评价活动能够长期稳定持续地开展下去。在计算机与通讯技术发达的今天，要充分利用网络技术，利用校园网平台建立用人单位信息反馈数据库，搭建相应网站，创设迅捷高效的调查与反馈手段，以提高社会评价工作效率。

2. 开展大型社会调查反馈活动

主要是针对毕业生展开。学校可以每隔二至三年，专门组织人员与监测点的评价人员进行一次直接对话，获得更为生动、具体、直接的感性认识。既可以通过和媒体合作以访谈的形式，也可以进行问卷调查，了解社会对学生的评价和对学校的建议。

3. 各种随机调查反馈方式

主要是针对参加社会实践的学生展开。学校可以利用教师到实习基地、用人单位开展合作或用人单位到学校的机会进行一些个别访谈，这些调查材料也都可以进入信息库，作为评价信息储存。

（三）整理分析数据获得评价结果

根据我们建立的评价体系，利用计算机软件建立评价模型，将调查获得的信息输入软件系统，进行统计分析，并将分析结果及时反馈到相应的管理部门和用人单位，如有必要，可通过媒体向社会发布。学校管理部门根据评价结果，做出归因分析，找出我们在思想政治教育教学模式中存在的问题，并分析造成问题的主要原因。当明确相应培养环节中存在的主要问题和原因后，采取相应措施，对大学生的培养模式与方法进行调整，加强相应的薄弱环节，提高培养质量，使培养出的大学生更好地符合思想政治教育的社会要求。

第四节　大学生思想政治教育教学评价体系

一、教学评价的原则

（一）评价指标应更为多样化

就课程内容的整体安排来看，思想政治课主要是突出以马克思主义理论及马克思主义中国化理论为主，内容会涉及哲学、政治、经济、历史以及法律等各个方面。所以，单一的评价指标体系是难以满足所有评价需要的，事实上教学质量评价更多的是体现多维度的原则。通常而言，这个维度是自评与互评相结合起来，结果评价与评价过程相结合起来，诊断性、形成性和中介性的评价相结合起来，从而可以更好地实现教师教学质量、学生学习效果以及教学管理保障这三个维度能够有机地结合起来，以此来更好创新思想政治课教学质量评价。

（二）评价的主体与客体多元化

评价主客体多元化，其实就是指在教学质量评价过程中多一点儿沟通与协调，在实际的评价目标设定中有必要将被评价者转化为主动参与评价，打破传统的单一评价模式。为了能够更好地实现评价，使得评价更加的全面性与合理性，有必要建立多元评价主体，这些评价主体可以由行政部门、学校领导、教育专家、同事、学生以及社会人员等组成。在确定评价原则中，需要明确不同的评价主体需要负责不同的评价项目。

教育行政主管部门是教育系统的官方管理者与监督者，对高校起到督促管理责任，其评估并不是针对某一个具体的思想政治课教师。但是，教育主管部门有权对高校的骨干教师、优秀教师以及优秀教案等进行总体质量的评价。学校领导作为一名学校的管理者，他是高校思想政治课教学的主管部门的负责人，负责具体的教育政策以及导向，例如，在职称评定、课酬标准以及教学岗位考核等方面对教师进行全方位的评价。至于同行专家与同事，更多地是从教学专业这个角度出发，通过听课等方面来了解思想政治教师的教学质量，并给予评价。而在校学生是教师的教授对象，对任课教师的教学情况较熟悉，学者可以在每一个学期期末对任课教师进行教学质量的评价。

除使用传统渠道来评价学生成绩外，因为思想政治教课存在着一定的特殊性与效果长期性，所以对学生进行思想政治教育的表现情况，需要进行日常的跟踪，这也是作为考查学生学习成果的一种方法。因此，根据学生管理部门以及校友会等渠道来对学生学习质量进行评价，使得教学质量评价更加的全面。从现有思想政治课教学评价情况来看，思想政治课教学评价通常有三种评价方式：一是学生学习评价；二是督导评价；三是课堂教学评价。从评价角度来看相对较为单一，评价主体为教师与学生。

现在许多高校通常使用学生在线评教系统进行教学质量评价，对学生学习效果的评价也较为单一，更多的只是对学生学习表现情况进行评价，用分数的多少来得出质量结论。此外，在评价过程中都是千篇一律，不分课程标准的差异性，也没有体现思想政治课教学的存在的特殊性。所以，通过多角度来进行评价，同时将其看作多元化的评价体系，这是作为全面开展科学、客观以及合理的思想政治课教学质量评价的一个重要前提。

（三）评价的方法要动态丰富

评价者对被评价者进行评价时需要体现动态性与多样性的评价方法。必须改变过去一刀切的评价方式，根据不同学科的特点，使用不同的教学质量评价方法，实现定性与定量相结合的评价方式。为了减少量化，有必要将质与量两者间相结合起来。由于思想政治教育本身是较难进行量化的，即使能够实行量化考核了，但是也无法全面反映学生的思想政治素养。

在日常现实教学管理中，通常使用打分量化的评价方式，这一评价方式表明，量化评价方式能够起到一定的效果，这是值得肯定的。它之所以能够起到一定的效果，主要是由于量化评价是在一样的教育背景下，一样的评价标准和一样的评价主体下面进行的，并且取得的效果并非能够全面反映教师的思想政治课教学质量，而是作为其他考核的一种组成部分，通过评价可以更好地激发教师不断改进教学质量，有利于进一步提高教学风气。

但量化评价过程也需要与使用适当的"质化"评价相结合起来，也就是进行定性评价。定性评价是可以对被考核者教学情况进行定性的评价，从本质上可以体现出被考核者的整体面貌以及考核过程，一般而言，评价者按照被评价者日常表现情况进行动态化观察与分析，并进行对比，用评语的形式得出评价结果。比如，教师是否敬业、是否关心学生、师生关系等都是无法进行量化的，只能通过定性评价。因此，教学质量的评价需要突出以定性评价为主，但是也需要结合量化评价，两者相结合才是最理想的评价结果。这样也有利于教师努力提升教学质量的同时，能够加强自我学习，端正教学态度，最终为教学质量提升而服务。

二、思想政治课教学质量评价的方法

借助评价结果的展现、反馈，可以了解体系自身现存的不足并加以改进，是实现建构长效全方位育人体系的必经之路。从受体对象的角度划分，高等学校思想政治教育育人体系的评价体系可分为对学生学习效果的评价和对高校教师教学效果的评价。

（一）对教师教学质量评价的方法

1. 问卷评价

问卷评价法，可以让答卷者更好地表达自己的看法和意见，调查者能从问卷中获取有用资料。调查者在制定问卷过程中，要求每一项问题都需要有一定的逻辑性，题目应该简洁明了，让答卷者容易看懂，并且具有评价的针对性。

2. 自我评价

自我评价法是任课教师自己按照日常授课的情况进行科学判断，找出优点、发现问题的一种教学评价方法。事实上，在过去的教学质量评价中，任课教师更多的是被动地接受他人的评价，而自己不能参与到评价中来，这种状况不利于教学评价的公正性和合理性。通常而言自我评价法是属于一种较为人性化评价方法，通过这种评价方法可以更好地激发任课教师所具有的主体意识，增强教师认知能力，不断促进广大教师更加积极地面对教学活动，不断转变教学观念以及教学技巧。一般情况下，自我评价法具体使用是：先由院系或者教研室等部门来开展相关评价活动，然后再由各个任课教师来对自己教学情况进行总体汇报，查找还有哪些不足，然后提出改进措施。

3. 专家或者督导评价

专家（督导）评价法其实就邀请教育行业相关专家（督导）、学者来做出专业评价。学校可以根据实际需要建立专家评价小组，安排具体的听课时间、人员、地点、要求等。由评价小组来进行课堂听课，并且查阅教案情况、作业批改情况等，了解教师教学情况以及学生反馈的意见，同时需要与教师本人面对面交谈，综合多方面评价意见，还要做好学生测试工作，总之，要进行全面具体的分析，才能做出结论。

4. 同行的评价

这里的同行，是指同事。通常是指邀请任课教师的同事来对其进行教学质量的评价。因为教师之间相对较为熟悉，教学能力较好了解，特别是本学科的同事，他们对于本学科的教学目标、内容以及方法都非常熟悉，所以，让同事来进行互评价可以更好地体现评价准确性，并且也有利于教师相互间形成较好的学习与交流，从而可以更好地提升教学队伍的总体水平。具体评价方法是：教师间相互听对方的课，利用教研活动等多种形式进行互评。但是需要做到客观真实，通过互评可以发现优缺点，为进一步分析提供参考依据，也为今后的改进提供方向。

5. 学生的评价

事实上，学生评价法是一种较为常见的评价方法。学生是作为高校思想政治课教学的对象和受益者，对教师教学质量最有见解。例如，通过向学生发放问卷、与学生谈话等多种形式来对教学质量进行评价，听取学生对课程内容、教师素质、教学方法、教学手段、学生作业批改、辅导答疑、实践教学等方面意见。这可以作为评价的参考依据。

此外，针对高校教师教学效果的评价还要注意以下两个方面：一是在院系评价工作中，务必要制定量化的具体指标，尽可能地消除评价时的主观色彩，提高客观性，将高校教师在课程、科研、实践、文化、网络、心理、管理、服务、资助、组织等方面工作完成与落实情况纳入评价指标之中，对全方位育人体系的落实情况进行检验。二是动员学生的主体性力量。高等学校要将每一个班级作为一个单位，以学生为评价主体，以高校教师工作为对象来进行评价。同时，为了确保学生对高校教师评价结果的公正、公平性，学校可以采用匿名投票、网络投票相结合的方式来组织评价活动，并且将两种评价的结果进行横向对比，获取更加客观的最终的评价结果。

（二）对学生的学习质量评价的方法

1. 自我评价法

学生根据自己的学习情况进行自我总结评价。使用这种方法来评价，有利于学生形成自我评价、自我教育以及自我学习能力。学生对自己的评价虽然存在着个人思想，但仍然可以作为评价方法的有益补充。评价方法通常可以用学生互评、自我总结、师生交流等方式来进行。

2. 形成性评价法

该方式通常有三种：第一种是开闭卷考试相结合。第二种是笔试与口试考核相结合的形式。笔试考核可以选择形式多样的题型，题材覆盖范围要广泛。第三种是平时考核与期末考核相结合起来。对于平时考核有必要通过更加灵活以及形式多样的考核方式，比如举行课前活动、自学、线上答题以及社会实践等活动，表现成绩也作为课程考核的一部分。

3.综合评价法

要从多角度、多层面对学生进行立体的客观评价。不仅包括学生的课堂表现，还要重视其在课外活动的表现，将学生的平时成绩和期末考试成绩作为综合考核成绩，也要将考核成绩与学生的日常行为表现结合起来。

需要认识到思想政治教育具有阶级性、政治性，其最为根本的问题和关键是如何把思想政治教育工作的内容由外在规定转变为学生的内在需求。首先，打破以往以定量考试成绩为定性标准的错误导向，在这个过程中要创新评价方法。其次，将静态考试成绩与学生成长的阶段性动态变化相结合，将重点放在非认知领域，以课程成绩为核心，利用调查研讨、专题作业、时间观察等多种方式为辅助，对学生进行全面评价。同时要拓展评价内容。最后，将生硬的理论知识与开放性的实践应用相结合，以启发联想代替死记硬背、生搬硬套，实现学生学习由认知向认同、由他律向自律的转化。

三、高校思想政治课教学评价开展的建议

（一）转变评价观念

为了建立更加科学有效的高校思想政治课教学质量评价措施，首先，需要转变教学评价理念，在新时代应使用新的教学质量观。由过去的科学本位评价向现在的能力本位评价转变，加强对学生职业能力的评价，将学生创新发展各方面纳入思想政治课教学质量评价中来。

其次，需要突出以人为本的科学质量评价观。高校要注重教师个人的发展，鼓励师生及时改进不足，促进教学质量进一步提升。高校思想政治课教学质量评价通常根据国家的政策以及对人员培养需求，然后制定具体的教学评价方案，充分地利用教育教学评价理论以及方法等来对教师的综合素质以及教学过程等进行评价，同时还需要对学生的学习成果、取得的成绩等做出客观公正的评价。

再次，需要坚持发展性的评价理念。为了能够更好地提升教学质量评价的准确性与权威性，有必要强调"学生本位"，采用发展性理念来确保整个教学过程的质量。因此，在进行教学质量评价时需要体现主体的主动性，多关注学生的发展，多鼓励学生能够参加创新活动，培养学生创新性的思维意识。

最后，需要树立起"职业性"评价理念。对于思想政治课教学质量方面的评价，有必要体现出工学结合模式，突出以就业作为指导方向，以服务作为宗旨，进一步提高劳动者

素质，加大技术人才的培养。同时，还需要结合高校自身的特点，建立有自身特色的办学理念，将办学理念与教学质量相结合起来。要重视思想政治课程教学，发挥教师应有的教学作用，努力培养出学生具有更高的职业能力，为社会输送更多的有用人才。

（二）完善评价体系

1. 促使评价目标科学化

高校思想政治课的课程目标其实就是为了更好地帮助高校学生树立起正确的思想信念，形成正确的人生观、价值观和世界观，学会用马克思主义的立场和观点来解决现实中的问题。高校的思想政治课教学质量评价终极目标就是促进教师往专业化发展，使学生的综合素质得到较好的提升，实现师生共同进步。首先需要建立动态监控体系，及时发现问题；其次是做好相关的跟踪和调适工作，不断修复设计中存在的不足；最后是需要将正负激励相结合，实现更加科学的发展。而现阶段思想政治教学评价通常较为注重结果的排名，同时还需要强调数据与鉴定方面的功能。从多方面来考虑和分析教学质量，定性与定量相结合，使得评价更具有全面性，评价结果更具有说服力，以此来调动广大教师的积极性。

2. 建设评价指标体系

高校建立起科学的评价指标体系是作为思想课教学评价一个关键问题，同时也是思想政治课教学质量评价的重心所在。我们需要建构一个科学系统的评价体系，选取评估指标，明确评估标准，落实责任，细化评分细则。

3. 评价运行机制良好发展

良好的思想政治教学评价机制有利于保障评价体系的运行，机制是作为实现教学目标、落实教学任务以及进一步提高教学质量的重要保障。通过思想政治课教学质量的评价运行机制，可以促进每一个环节都可以得到真正的实施，全面落实到位，使得相关的评价主体能够一起参与进来，做到人人皆知、深入人心。在实际的思想政治课质量教学评价过程中，突出以培养目标作为主线，更加注重教育目标方面的实现，落实相关的教学计划，使教学目标、教学任务得到落实和实现。建议由教务处负责来组织与计划的工作，由学校督导办负责制定评价具体内容和评价标准的工作，而各个教学团队和教学秘书则负责教学评价资料的发放工作，做好信息资料的收集工作和相关数据的统计工作等，使整个运行机制得以正常实施，保障教学评价工作的顺利开展。

4. 评价反馈机制得到创新

有评价就会有质量评估反馈机制，这是作为保障思想政治教学质量的一个重要体现，有必要从多方面来设计，实现多元化的保障机制。

需要注意的是，要处理好师生之间教学质量反馈信息。高校学生是作为培养的对象，其反馈信息具有重要的价值。在思想政治课教学质量评价过程中，高校一定要对其给予重视，对于反馈合理的信息需要采纳，而对于不合理的信息则可以保留意见。

教师是教学过程中的一个重要组织者、指导者，也是教学的实施者。教师是与学生最亲近接触者，对学生的学习情况较为熟悉，因此需要重视教师意见的反馈工作，这样可以更好地提升思想政治课的教学发展，同时也有助于教学管理者从更深入的层面来了解思想政治课的教学需求。另外，还可以从学校、社会和企业等方面来获取反馈信息，建立信息反馈数据库，同时联系评价对象，更好地了解学生的学习情况、实习表现情况等，为更准确评价教学质量提供参考依据。

需要认识到科学的评价机制能够通过对执行过程和执行结果的评估、总结，给予系统以正向反馈，从而得出改进策略、方法以促进系统升级完善，推动系统的健康可持续运行。比如，中国人民大学在本科人才培养过程中，设计制定了以学生成长阶段为线的学生课外综合管理评价系统。北京林业大学通过实施"青蓝计划"强化评价激励机制，对思想政治教育育人过程、质量效果和学生的获得感三个维度进行综合考评、立体分析，以此提升教职工人才培养能力。

（三）建立保障机制

高校思想政治课教学质量的评价不但需要树立起良好的观念，同时还需要有良好的保障机制。只有这样才能保障质量评价的顺利实施，具体而言，需要加强内涵建设、领导重视和管理到位。

1. 加强内涵建设

高校要想在未来发展中提高竞争力，树立起教育品牌，扩大国际交流，就需要加强内涵建设。良好的思想政治课教学质量是学校发展的关键，这关系到培养社会接班人的问题，关系到国家安定和社会经济发展，同时也是高校教育可持续性发展的问题。可见，学校加强内涵建设的重要性。

2. 主管领导加强重视

在新时代背景下，高校教学主管领导一定需要高度重视教学质量，严把质量关，将质量贯穿到整个教育中来，实实在在地做好每一步工作。领导要经常性亲自参与教学督导工作，各二级院系领导同样需要重视教学指导工作，不断激励广大师生员工积极投入思想政治课教学质量的建设中。领导要多关心、多过问思想政治课的教学工作，充分尊重教师的工作，使教师能在教学中形成一种成就感，对教师教学质量实行多样化的评价，使评价结果更人性化和合理化。

3. 管理到位

高校思想政治课教学质量评价体系的构建是属于一个系统性的工程，不但需要建立完善的教学档案，为今后的评估工作提供定量与定性的参考依据，同时还需要落实各个工作环节，只有这样才能更好地准确评价教学质量。所以在教学中一定需要管理到位，严格落实教学计划、加强教学质量考核，以主人翁的态度来处理好思想政治课教学质量中遇到的问题，建设数字化智能评价系统，为高校思想政治课教学质量评价提供一个全新的平台，使评价更加先进、快捷。

第八章

新时代高校大学生思想政治教育师资队伍建设

第一节　高校大学生思想政治课程教师现状

一、思想政治课程教师现状

受传统应试教育的残留观念影响，部分高校教师仍旧在不同程度上存在着重理论知识传授，轻能力培养的教育观念，导致其在教学过程中不能够根据教学内容的实际需要，灵活运用和转换教学方法、教学手段，忽视对学生创造性思维能力的培育，这在很大程度上造成了高校大学生学习兴趣低下、主动探究能力不强、创造意识缺乏，创新能力不高的现象。在一次针对师范生的调查中，关于自身最欠缺的教师职业技能方面，有接近半数的师范生认为自己缺乏探究意识，创新能力和科研能力不高。其具体表现在以下三方面。首先，部分师范生虽具有一定的创新意识，但是缺乏主动探究知识、勇于克服学习障碍和学习困难的坚强意志和毅力。师范生虽然普遍认为创新意识对于自身教育教学能力的提高发挥着至关重要的作用，也希望自己能够具备这种创造性意识和思维能力，但是在实际学习过程中缺乏主动探究、勤于思考的主观能动性，缺乏独立自主的批判能力、自主获取新知识的能力，以及探究性学习的能力。其次，高师教育教学理念严重滞后、教师教学方式方法陈旧、单一，并且在运用过程中缺乏灵活性，学生自主学习、独立探究和相互讨论的机会特别少，难以调动学生的积极性和主观能动性，更难以激发和挖掘学生潜在的创造意识和探究能力，容易造成学生思考问题过程中的思维定式，也不利于学生发散性、创新性思维能力的培养。在这种枯燥无味的课堂教学氛围中，学生缺乏学习兴趣，从而在很大程度上造成教师的课堂教学质量不高，教学实效性大打折扣。最后，教育科研活动和教学实践项目是培育师范生创造意识和提高创新能力的重要途径。然而，高等师范教育在科研实践活动和创新性课题项目环节严重欠缺，不仅数量不足而且形式单一，未能真正发挥其培养师范生探究意识和创新能力的有效作用。这也就造成思想政治专业师范生参与实践性的科研活动和课题项目的机会少之又少，学生很少有机会能够参与到科研活动和教学课题的研究和探讨中去，即使参与其中，也很少能够使自身的创新意识和创造性思维能力得以有效地激发和培养。

二、影响高校思想政治教育师资队伍专业化建设的因素

互联网信息技术的快速发展给整个人类社会的发展与进步带来了巨大的影响。空间之间的距离因为网络信息技术变得越来越小，国与国之间的联络因为网络信息技术的应用也变得容易起来。近几十年随着中国经济的快速发展，网络信息技术在人们的工作、生活、学习中变得越来越普遍。特别是在高校中，大学生正处在学习与接受新鲜事物的黄金时期，他们思想活跃，乐于接受互联网这种新鲜的事物。以往在高校中对高校大学生的教育主要是通过学校的中国共产党党员教师，如学校主管学生工作的领导、团委教师、高校思想政治理论课教师、辅导员等人。在我国没有网络信息技术的时期和网络信息技术还不普遍的时期，教育的实效性很强，但随着网络信息技术的普遍应用，在很大程度上削弱了高校党团教育的效果。网络信息技术既有利于世界经济的发展，同时如果应用得不恰当也会给人类社会带来很多问题。

出生在网络信息技术时代的"90后""00后"高校大学生，他们追求个性、追求自主化的生活和学习方式，与"80后"追求的经济物质不同，这得益于中国经济的发展。在这一时期成长起来的"90后"和"00后"高校大学生，他们更注重个人的情感体验与价值体验，对政治普遍不太关注，有着强烈的个人意识，从小到大习惯从网络中获得知识和信息。因此，他们从小已经养成网络思维方式，在生活和学习中都与网络分不开，尤其"00后"高校大学生具有较强的网络社交、网络学习和网络消费的能力。网络词语在其生活中很普遍，网络购物也为他们的生活带来了很多方便，使其生活更快捷和便利。

信息网络技术产生之前高校大学生在高校中接收的信息主要源自高校教师，在教师的思想和行为影响下形成自己的世界观和价值观。而现在，信息技术作为"静悄悄的革命"正以极快的速度发展，真正地实现了中国人所说的"秀才不出门，便知天下事"。其全方位地改变了学生的生活和学习的主要手段，提供了新的认识世界的方式，随着高校大学生对网络的依赖加深，以往高校教师的教育方式显然已经不适应当代学生的新特点和新的需要。高校大学生对教师的心理需求也转向了网络，"当人们从依赖媒介而获得了相应的

满足，便越指望再次获得有用的信息，对媒介的依赖性就越强烈。"高校大学生对网络的依赖使其思维方式发生了一定的变化，以往高校党团的教育是有效培养学生发散思维的方式，但网络信息技术呈现出来的信息更直观和具体，容易使学生不再去思考，从而不利于学生多维思维方式的形成。通过网络信息技术可以快速地查找所需要的信息，这就需要高校党团方面的教师及时更新观念，利用网络信息技术对学生进行合理的教育和引导。高校教师必须转变思维方式：首先，由传统的教学模式向网络信息技术下的教学模式转变。高校党团教师要根据学生特点不断研究和探索，重视校园网络安全的建设，加强对学生进行网络安全教育；其次，教师也需要掌握一定的网络信息技术，当前高校党团工作者有再深的理论功底，一旦网络信息技术不行，也很难走进学生心里，对其进行指导和教育，高校党团工作者要利用互联网技术在网络中通过各种形式与学生聊天、谈心，使青年形成正确的世界观和价值观；最后，高校要不断重视对教师网络信息技术的培养，给教师创造时间和条件去学习，在新形势下不断更新教师的理念，在新的背景下，利用网络信息技术更好地发挥高校党团教育的效果和作用。

第二节　高校大学生思想政治教育队伍建设方向

一、明确大学生思想政治教育队伍的责任

（一）高校教师的角色与责任

1. 教书育人的践行者

教书育人是教师的基本职责。《师说》中"师者，传道、授业、解惑也。"传道、授业、解惑应该是教师的核心工作内容。传道、授业、解惑都是教育人，都很重要，但传道为先。我们常说，教师是人类灵魂的工程师。人的灵魂的塑造，实质上就是人的世界观、人生观、价值观的塑造。每个人树立怎样的世界观、人生观和价值观，决定着他对国内外重大事件、社会热点的看法，也决定着他将选择什么样的人生道路。《中共中央、国务院关于进一步加强和改进大学生思想政治教育的意见》明确指出："高等学校各门课程都具有育人功能，所有教师都负有育人职责。"这就规定了教师不仅要对学生进行专业知识教育，

还要进行思想品德教育，促进学生的品德发展，塑造学生的灵魂。所以，高校教师要自觉增强立德树人、教书育人的荣誉感和责任感，学为人师，行为世范，做学生健康成长的指导者和引路人。

教书育人是教师的基本职责，这是由大学的根本任务所决定的，天经地义。但是，如同大学的职能不是单一的一样，教师的职责也不是单一的，我们必须要明确，在教学科研、社会服务、文化传承创新等工作任务和职责之中，教书育人居于基础性和主导性的地位，是贯穿教师职业生涯始终的一条主线。教学不是简单地传授知识，而是传道、授业、解惑的内在统一。探索科学前沿、承担科研任务，是教师带领学生探求真知、培养学生创新能力的重要途径和手段，而非单一的、孤立的目的和追求。优秀的教师，总是能够在教书育人的过程中实现教学相长，相得益彰。

2. 师道尊严的捍卫者

师道尊严一方面是教师对自己所从事的教书育人职业的自尊。教师应该从内心认同自己的职业，并用自己的敬业精神和乐业行动去珍惜和维护它的崇高和神圣。另一方面是社会对教师工作的认可和满意，对教师传授的知识、道理和技能的敬重。在这两个方面中，自尊是前提和基础，体现了高校教师对自我角色的认同和责任担当。只有在自尊的基础上，才能保持一份责任、一份操守，才能让高校教师这一称谓真正获得社会敬意。

教师是光辉的职业。我们每个人在成长过程中都有着教师的关心和帮助，教师所指引的方向、鼓励的话语，很有可能成为我们一生的前进方向与动力。因此，高校教师要自觉成为师道尊严的捍卫者，努力成为业务精湛、学生喜爱的高素质教师。捍卫师道尊严关键要靠教师内在的学识魅力和人格魅力。学识的魅力，要靠刻苦钻研、严谨笃学来达到。教师是知识的重要传播者和创造者，要成为合格教育者，必须终身学习、更新知识、拓宽视野，必须崇尚科学、创新知识、勇攀高峰，不断提高教学质量和教书育人本领。学识的魅力，不仅是科学精神，也是人文精神的彰显，只有兼具科学精神和人文精神，并积淀深厚的学识素养和文化素养，两者相得益彰，才称得上是真正具有学识魅力的教师。教师的魅力是德才兼备的升华，来源于对学生的博大爱心、对事业的无限忠诚；来源于渊博的学识、教书育人的能力和从不满足的执着精神。优秀的教师对待学生总是如同对待自己一样，设身处地地为学生着想，最终做到师生同心、情感和谐，帮助和引导学生健康成长成才。

3. 大学精神的守护者

大学需要始终保持一种令人向往和追求的精神。大学要成为优秀人才成长的殿堂，就必须确立自己的精神信仰和营造高尚的精神氛围，使人身在其中能有所感悟，以至实现个人整体的超越与全面发展。而教师是大学精神的主要承载者守护者与传承者。作为教师，传道是第一位的，这个"道"，从某种角度上说，就是要把大学之道——大学精神传给学生，让具有大学精神的学生去引领社会、引领未来。因此，高校教师要始终不渝地以自由探究的精神、敢于批判的勇气引领社会的精神和文化，坚持学术研究和教育行为的规范与纯洁，坚守学术道德，在喧嚣的市场活动中始终发挥平衡器甚至航标灯的作用。

（二）高校干部的角色与责任

高校干部担负着保证学校正常、协调运转的管理任务，其日常管理服务工作是衔接学校党委行政和各教学单位的枢纽，是联系师生员工的桥梁，具有参谋、指导、管理、服务职能，肩负着推动学校各项改革任务得以有效贯彻落实的重任，同时又肩负着管理育人、服务育人的重要职能。路线方针确定了以后，干部是决定因素，高校也是一样。加强干部队伍建设，提高干部队伍的整体素质，是我们的事业发展的根本保证。当前，国际、国内形势正在发生着深刻变化，新事物、新问题、新矛盾不断出现，并且已经影响到了高校。这就需要高校管理干部不断增强政治意识、大局意识、责任意识，善于观察形势、分析形势，善于创新方式方法，不断提高执政能力和领导水平。只有这样，才能既做好管理工作，又做好育人工作。

1. 师生的勤务员

在以前，高校管理干部的职责基本上是我管你听，偏重于"管"，忽视或轻视"人"。随着我国政治体制改革的深入和政府职能的转变，高校都在建立和完善现代大学管理制度，管理干部的职责也随之发生了很大变化。高校管理逐步从"我说你听"向"你说我做"转变，高校管理干部职责已经不再是单纯的以管为主，而是逐渐变管理为服务，把自己角色定位为师生的勤务员。这种服务理念体现在具体工作中，就是以人为本，对学生负责，关心、爱护学生，为学生的成长成才着想；对教师负责，以促进教师的发展来带动学生的发展。

2. 民主管理的实践者

民主办学、民主管理是社会主义大学的本质特征之一。随着教育改革的不断深化，要完成立德树人这一根本任务，十分重要的一条就是要全心全意依靠师生办学，突出"以人为本"。高校管理干部作为学校事务的管理者和推动者，必须坚持以人为核心，必须按照教育自身的规律和教师工作的特点，把工作的立足点放在让广大教师充分发挥其潜能，激发其工作的主动性、积极性和创造性上。为此，高校管理干部必须关注和尊重人的个性化特征，采取各种办法，尽可能地为师生提供个性化教育和人性化服务，在大事要充分听取师生意见建议，把师生当作一家人，而不是简单地把自己和师生看作上下级、领导者与被领导者的关系。

3. 科学管理的执行者

在以前，高校基本上是自成体系，被称为"象牙塔""金字塔"，独立性强，从学术到管理都是自成一体。现在，随着高校与社会联系交流的深入，特别是随着全球化、互联网、市场化的发展，不仅学术思想是开放的，而且管理方法和措施也是开放的。在这种情况下，高校管理必须是科学管理。科学管理既要最大限度地吸纳教师参与教育管理的全过程，让他们了解教育管理的目标、要求，将学校的教育目标转化为广大教师的自觉行为；还要充分发挥学生及其家长、社会的作用，虚心听取他们的批评意见和建议。只有这样，高校的管理才更加科学，培养的人才才能更加适应经济社会发展的需要。

（三）辅导员的角色与责任

辅导员是高校开展大学生思想政治教育的骨干力量，是大学生日常思想政治教育和管理工作的组织者、实施者和指导者，在大学生思想政治教育过程中起着特殊的作用。教育部《关于加强高等学校辅导员班主任队伍建设的意见》明确指出："辅导员、班主任是高等学校教师队伍的重要组成部分，是高等学校从事德育工作，开展大学生思想政治教育的骨干力量，是大学生健康成长的指导者和引路人。"辅导员是开展大学生思想政治教育的骨干力量，是高校学生日常思想政治教育和管理工作的组织者、实施者和指导者。辅导员、班主任应当努力成为学生的人生导师和健康成长的知心朋友。

1. 大学生思想政治教育和日常的基层指挥员

辅导员是大学生日常思想政治教育和管理工作的具体组织者、实施者和指导者，既要围绕大学生学习、生活中的实际问题开展日常思想政治教育，实施与大学生思想政治教育有关的具体工作，还要指导学生党支部、团支部和班委会、社团建设，指导学生开展各种自我教育活动。应该说，大学生日常思想政治教育的一线工作主要靠辅导员来指挥和协调。一位辅导员负责二百人的队伍，相当于两个连，这个基层指挥员的任务很重，担子很重，需要把方方面面的力量协调起来、组织起来，把各方面的积极性调动起来。所以，辅导员不仅要做好个人对个人的工作，还要做好个人对团体的工作；不仅要谋划工作，还要协调工作。总之，辅导员担任的是一个基层指挥员的角色，动员和组织各方面的力量把所负责学生的思想政治教育工作做好。

2.大学生的人生导师

辅导员具有双重身份，既是管理者，也是育人者。辅导员的另一个名字就是辅导老师，意思是说，辅导员既是在用自己的知识、经验和感悟辅导学生，又是在做专业课程教育之外的日常思想政治教育工作，教学生如何做人和做事，可谓是人生导师。大学阶段是一个人世界观、人生观、价值观形成和变化的关键时期，辅导员在这样一个时期对大学生发挥着特别重要的教育和引导作用。

3.大学生健康成长的知心朋友

辅导员在大学生思想政治教育的第一线，和学生的距离近，这是其一个特殊的优势。学生思想行为的变化，辅导员总是能及时掌握第一手信息，最能把握学生的情绪，最能了解学生的要求，最能贴近学生的情感。正因，如此，学生有问题也会首先想到辅导员，首先找到辅导员，首先告知辅导员。所以，辅导员与青年学生最容易沟通，能够跟他们打成一片，做他们的知心朋友。只有做知心朋友，才能和青年学生一起经历成长的过程，应对成长的困惑和问题，更好地了解他们的所思、所想、所感。只有做知心朋友，才能正确辅导青年学生，真正成为青年学生的人生导师，做好学生教育和管理工作的组织者、实施者和指导者。

二、建立大学生思想政治教育工作队伍管理机制

（一）加强队伍结构调整

构建结构合理的思想组织教育工作队伍对于思想政治教育具有重要意义，结构合理就是要求工作队伍的年龄结构、学历结构、职称结构等都科学合理。从年龄结构来看，思想组织教育工作队伍老中青三代年龄结构有三种模式，一是老中青三代呈正三角模式，即青年人多于中年人，中年人多于老年人，这种结构有利于队伍的传、帮、带，有利于队伍稳定和持续发展，被称为"前进型"结构；二是呈纺锤形模式，两头小，中间大，虽有利于眼前工作开展，却后继乏人，不利于队伍的发展，被称为"静止型"结构；三是呈倒三角形模式，老年人多于中年人，中年人多于青年人，因老年人太多，难以胜任工作，被称为"衰退型"结构。显然，大学生思想政治教育工作队伍应建立"前进型"年龄结构，避免或改造"静止型""衰退型"年龄结构。在学历结构方面，与高校专业教师相比，思想政

治教育工作队伍学历普遍偏低，当前仍是本科及以下学历占多数，研究生学历占少数，博士生学历占比例极小；在职称结构方面，思想政治教育工作队伍中低级职称比例大，高级职称比例小，这些状况显然不利于思想政治教育工作者全面、高效地开展教育。在大学生思想政治教育工作队伍建设过程中，应尽量将以上三种结构调整到最佳状态。

一般来说，大学生思想政治教育工作队伍由专职人员和兼职人员构成。其中，专职教育者是党政干部、共青团干部、思想政治理论和哲学社会科学课教师、辅导员和班主任。兼职人员的来源主要是高校退休教师、党务管理干部、专业教师、研究机构人员等。聘用兼职人员从事思想政治教育工作。可以有效缓解当前高等教育大众化迅猛发展造成的思想政治教育资源的有限性和需求的迅速扩大性的矛盾，可以调动更多的人参与、从事思想教育活动，扩大思想政治教育的覆盖面和影响力，为思想政治教育工作队伍注入新鲜血液，当然，专职人员和兼职人员也应该结构合理，做到专职人员为主、兼职人员为辅，兼职人员的专职人员相配合，群策群力，共同提高思想政治教育实效。

（二）加强思想政治教育队伍"乐教"机制建设

为了提高大学生思想政治教育的实效性，不仅要保证大学生思想政治教育工作者具备较高的素质，同时还要让他们对工作有热情，这样才能实现真正"乐教"，才能以高度的激情投入工作，不断改进工作方式，提高工作成效。因此，高校应该建立健全思想政治教育工作者乐于从事思想政治教育的相应机制。

1.强化政策激励引导作用，构建师德建设长效机制

师德师风建设是大学生思想政治教育队伍建设的重要一环。高校教师"四个相统一"就是在"要加强师德师风建设"的前提下提出的。要"引导广大教师以德立身、以德立学、以德施教"，把师德放在实现"四个相统一"的出发点和落脚点。

2.激励体制的建立健全

针对思想政治教育工作的特殊性，设立专项课题，鼓励广大思想政治教育工作者申报，提高思想政治教育工作者的科研能力；加强舆论宣传，在全校营造尊重思想政治教育工作者的氛围，提高思想政治教育工作者的地位、待遇和职业自豪感；在评估考核、职称晋升等方面结合思想政治教育的特殊性，制定科学合理的依据，使思想政治教育工作者能够解决后顾之忧，全身心投入思想政治教育工作中，以从事思想政治教育为荣，以从事思想政治教育为乐。

3. 人才培养机制的建立健全

要有计划地培养思想政治工作方面的专家、学者、学科带头人、学术骨干，使他们成为思想政治教育工作的核心力量；要对青年思想政治教育工作者实行导师制，帮助他们尽快熟悉业务、提高能力；要创造条件，支持广大思想政治教育工作者读硕读博，提高学历层次；要制订继续教育计划，鼓励思想政治教育工作者在职培训、脱产进修、交流考察，实现思想教育工作者的可持续发展，切实提高思想政治教育工作者队伍的总体水平。

4. 人员数量和工作量的调整

当前来看，思想政治教育工作者的总量严重不足，例如，教育部门的文件规定，思想政治理论课专任教师总体上按不低于师生1:（350—400）的比例配备，专职辅导员总体上按1:200的比例匹配，事实上各高校远未达到上述规定，高校应根据工作需要，通过设立思想政治教育工作者准入资格、提高待遇等措施将优秀的专家学者扩充到思想政治教育工作队伍，提高思想政治教育工作队伍的战斗力。

第三节　新时代高校大学生思想政治教育师资队伍建设路径

一、完善教师队伍管理

思政课教师是高校教师队伍中一支十分重要的力量，是党的理论、路线、方针、政策的宣讲者，大学生成长成才的引路人，承担着培养担当民族伟大复兴大任时代新人的历史重任，新时代青年大学生是实现中国梦的主力军，思政课教师即是打造主力军的"筑梦人"。肩负着用马克思主义中国化的最新理论成果武装青年学生以及推动社会主义核心价值观体系建设的重大职责，肩负着帮助大学生正确认识国情，深入了解改革开放的伟大历程，进一步认清国家的历史责任，是全面实施科教兴国战略和人才强国战略，确保实现全面建成小康社会、加快推进社会主义现代化的宏伟目标，确保中国特色社会主义事业兴旺发达、后继有人的特殊人才。加强思想政治理论课教师队伍的建设，高校应当加强源头管理，严把思政课教师政治关、师德关、业务关等"入口关"，明确科学合理的师资任职标准和队伍准入制度，根据国家有关规定要求制定思政课教师规范或者在聘任合同中明确思政课教师特定的权利义务与职责。任职标准包括政治思想素质、师德师风素质和业务能力素质。

(一) 政治思想素质

教育部《关于普通高校思想政治理论课建设体系创新计划的通知》中指出，建立思想政治理论课专职教师任职资格制度，应把政治立场作为教师聘用的首要标准，严把教师聘用政治关。"政治要强""让有信仰的人讲信仰"，更是习近平总书记对思政课教师提出的首要素质要求。

思政课教师必须坚持正确的政治方向，热爱马克思主义理论教育事业，具有良好的思想品德。高校应当加强对思政课教师的考核，健全退出机制，对政治立场、政治方向、政治原则、政治道路上不能同党中央保持一致的教师，不得继续担任思政课教师或马克思主义理论学科研究生导师。另外，要加强对思政课教师必要的政治教育培训。如，结合党的教育实践活动，对思政课教师开展党性教育，时刻保持党员的先进性；结合国际国内形势的发展，定期对思政课教师开展形势与政策教育，使其以正确的观点看待当前国际国内形势；通过党支部开展活动的方式，对教师党员开展党性修养教育，确保他们在思想政治理论课课堂教学中讲政治；通过开展集体备课的方式，就社会热点问题和授课重要内容，达成统一的讲解意见；等等。

(二) 师德师风素质

师德师风建设关系到高等教育事业改革与发展的成败关系到公民道德建设和社会经济环境。高尚的道德素质是高校思政课教师师资队伍建设的重要标准。加强思政课教师师德师风建设，有利于教师发挥榜样示范作用，有效实现高校立德树人的重任，有利于促进高校思政课教师的自身发展和加强教育部门的发展规划。

师德师风作为社会道德的一种类型，存在一定的局限性，需要相关的法律法规予以弥补。针对高校教师、中小学教师和幼儿园教师的特殊性，制定出相应的行为准则，即是对新时代社会背景的回应。通过开展思政课教师"年度影响人物"的评选、思政课教师的教师技能大赛等活动，充分利用互联网时代和新媒体技术，宣传优秀思政课教师的先进事迹，发挥思政课教师的典型示范作用。同时加强对社会主义核心价值观等主流意识形态的宣传教育，营造全社会尊师重道的氛围。

（三）业务能力素质

提升思政课教师业务素质与能力必须着眼于优化思政课教师发展机制。思政课教师队伍的建设成效必须体现在思政课教学效果和学生成长上。

一是加强思政课教师队伍后备人才培养。教育行政部门应当制订马克思主义理论专业类教学质量国家标准，加强本硕博课程教材体系建设，统筹推进马克思主义理论本硕博一体化人才培养工作。实施"高校思政课教师队伍后备人才培养专项支持计划"，专门招收马克思主义理论学科研究生，不断为思政课教师队伍输送高水平人才。高校应当注重选拔高素质人才从事马克思主义理论学习研究和教育教学，加强思政课教师队伍后备人才思想政治工作，加大发展党员力度，提高党员发展质量。

二是强化思政课教师教学培训。建立国家、省（自治区、直辖市）、高等学校三级思政课教师培训体系。教育行政部门建立高校思政课教师研修基地，开展国家级示范培训，建立思政课教师教学研究交流平台；高校应当建立健全思政课教师专业发展体系，定期组织开展教学研讨，新任职教师应参加岗前专项培训。高校还应拓展思政课教师培训渠道，设立思政课教师研学基地，定期安排思政课教师实地了解中国改革发展成果、组织思政课教师实地考察和比较分析国内外经济社会发展状况，创造条件支持思政课教师到地方党政机关、企事业单位、基层等开展实践锻炼。

三是完善教师教学技能发展机制。通过成立思政课教师发展中心，抓好思政课示范教学，开展思政课教师信息化教学技能比赛，实施青年教师发展促进计划，建立青年教师教学"传帮带"工作机制，促进思政课教师潜心教学、倾心教学、精心教学；强化思政课教师教学研讨，开展新教师试讲、集体备课、教师听课互评、集中命题等教学研讨活动，瞄准提升思政课教学技能精准发力；推进思政课优质教学资源共享，通过完善在线教学内容，推进思政课教案、课件、案例及资源库的共建共享。

二、加强师资队伍专业化

（一）加强教师职业规划教育

简单来说，教师职业规划教育就是说高师教育要通过各种有效的教育途径，来引导和帮助师范生对自己的教师职业发展有一种非常明晰的认识和规划，进而树立坚定的教师职业观和正确的教育价值观。当前，大部分思想政治专业师范生没有自己的职业规划，无法准确定位自己的职业发展方向，究其原因在于高师院校教师职业规划教育缺乏系统性和规范性，教育内容和形式单一且具有滞后性，未能从整个大学期间统筹规划学生的教师职业规划教育。对此，高师院校必须高度重视对师范生的教师职业规划教育，从新生入学伊始就要统筹规划、全面监督。一方面，要高度重视课堂教学在教师职业规划教育中的重要地位。在高校课程设置中要加入与教师职业规划与指导方面相关的课程内容，教师要注意向学生讲述教师职业的光荣感和使命感，以及教师职业肩负的育人传道的重大社会责任，逐步引导师范生对教师职业树立一个正确的、全新的教师职业观。另一方面，全面肯定实践教学活动对师范生从事教师职业的引领功能，充分发挥微格教学、教育实习、顶岗支教等一系列学校实践教学活动，在塑造师范生教师职业理想过程中的重要作用。同时，在实践教学活动中要强化师范生对思想政治课程改革新要求的深刻认识，全面反省自己教师职业素质中存在的不足，培养专业精神，实现思想政治专业师范生教师职业素养的全面提升。

（二）创新教学手段

就如何提升高校思想政治课教师的整体水平和综合素质的问题，习近平总书记提出，思想政治课教师在学习过程中必须加强思维创新，以辩证思维和唯物主义思维来应对出现的问题，通过不断地改进思想政治课的课堂教学效果，激发学生的学习兴趣，帮助学生形成正确的信仰和意识形态，掌握先进的思维方法。习近平总书记提出的思维要新，其关键在于方法论的正确性，在方法论的指导下开展相关活动。目前，党和国家在这一方面的工作主要集中在三个方面：第一，高校思想政治教师必须立足马克思主义理论的指导价值，在历史研究方面坚持辩证主义和历史唯物观，由此更加深刻地认识到历史的发展趋势，实现历史和实际相结合的策略，此外，相关媒体还需要占领好舆论高地，切切实实地讲好中国故事；第二，在课堂教学过程中引入创新思维，通过新技术和理念的应用，"用好课堂教学"；第三，教师应该强化自我价值，满足新时代的发展要求，突出思想政治课堂教学的核心价值导向，通过教学创新，改善高校大学生的课堂体验，提升学生的政治水平，帮助高校大学生了解国际形势。

（三）加强人格教育

教师的人格修养如何，关系到学校的教育教学质量和未来国民素质的高低。加强高师思想政治专业学生人格教育，不仅是素质教育和时代需要的呼唤，同时也是高校深化教学改革内容的方向和目标之一。长期以来，高师教育偏向强调专业知识的灌输而忽视人文精神教育的渗透，使高师人格教育质量不高并且流于形式，造成人格教育的缺失。因此，高师思想政治专业的教师培养工作应做到以下两点。首先，培养师范生坚定的政治品格。政治品格在政治课教师人格修养中处于首要的位置，它是指导师范生树立其他一切人格品质的关键性因素。因此，高师教育要通过政治性的理论宣讲和实践性的社会政治活动，充分激发学生参与社会政治生活的积极主动性，使师范生不仅要从内心深处有提高自身人格修养的强烈意愿和自觉意识，还要真正从行动上加强坚定的政治信念和完善的政治品格的锻炼与提升。其次，培养师范生正确的育人价值观和良好的道德品质，这是师范生从事教师职业所必须具备的育人的根本素质，它在师范生人格素质中发挥着决定性的作用。思想政治专业与其他应用性、操作性课程的最大的不同之处在于，教育者不能仅仅注重对学生显性的理论教育和硬性的书面灌输，而应该将大部分时间和精力都用在研究学生的思想，关注学生的心理健康状态上，要教会学生树立正确的价值观念和健康的生活态度。这就要求师范生要严格要求自己的一言一行，从生活中的一点一滴做起，严格规范自己的行为，做到传授知识与为人师表两不忘。

（四）加强职业道德素养

对思想政治教师者而言，加强自身职业道德建设具有重要意义，社会发展和经济建设都离不开专业技术人才，而只有道德水平较高，德才兼备的教师才有助于正能量的产生，进而潜移默化地对学生进行影响，不断地向社会输出德才兼备的人才，这对于提升我国思想道德建设具有重要意义。高校思想政治课教师必须认识到职业道德素养在教学过程中的重要性，通过提升自身人格魅力，在思想政治课堂上取得更好的教学效果。年轻教师应该积极自我学习，发挥中流砥柱的作用；年长教师则需要发挥自身的经验优势，在思想政治课开展过程中继续发挥余热。高校思想政治课应该始终坚持以学生导向的原则，不断地向学生传达关心、关爱、关怀，最大限度地发挥教育优势，在学生成长和发展的过程中发挥引导者的作用。思想政治教师必须充分贡献自己的力量，在教学研究过程中投入更多的知识和心血，引导学生以更积极的心态来应对问题。

三、提升思政课教师价值

教师是伟大的，因为他们总是仰望星空，探索着深邃思想，有着特殊的尊严——太阳底下最光辉的职业；教师又是平凡的，因为他们总是脚踏实地，三寸粉笔写人生，有着特殊的价值——人类灵魂的工程师。高校思政课教师担负着培育中国特色社会主义建设者和接班人的重任，理应为一直坚守、耕耘这份特殊的事业而感到骄傲，为已尽立德树人之使命而自豪。

高校让思政课教师有尊严地开展思想政治教育工作，亟须学校从机制层面上予以高度重视。党中央明确规定高校党委作为开展大学生思想政治教育的第一责任人，要强化责任意识和领导意识。要用好课堂教学这个主渠道，思想政治理论课要坚持在改进中加强，提升思想政治教育亲和力和针对性，满足学生成长发展需求和期待。高校应当设置独立的马克思主义学院等思政课教学科研二级机构，统筹思政课教学科研和教师队伍的管理、培养、培训。思政课教学科研机构负责人应是中共党员，并有长期从事思政课教学或者马克思主义理论学科研究的经历。在日常教学管理过程中，高校党委领导要定期参与学校各项思想政治教育和实践活动，自上而下生成一股助推劲流，营造良好的思想政治教育氛围。

教师数量方面的问题制约着教师队伍的建设与良性发展，主要体现在师资队伍严重不足，人员缺额较大。中央和教育部对高校思政课师生比有明确要求，但目前绝大多数高校无法达到这个要求，这就无法避免"大班上课"的情况，而"大班上课"又往往使教学质量无法得以保证。数量上的缺口还使教师承担了大量教学工作，无心科研，影响个人学术能力与职称的提升。久而久之，思政课教师的职业获得感、幸福感、价值体验感会降低。

因此，教育主管部门和高校应当配齐建强思政课专职教师队伍，建设专职为主、专兼结合、数量充足、素质优良的思政课教师队伍。高校可以在与思政课教学内容相关的学科遴选优秀教师进行培训后加入思政课教师队伍，专职从事思政课教学；可以探索党政管理干部转岗为专职思政课教师，积极推动符合条件的辅导员参与思政课教学，鼓励政治素质过硬的相关学科专家转任思政课教师；可以实行思政课特聘教授、兼职教师制度，统筹地方党政领导干部、企事业单位管理专家、社科理论界专家、各行业先进模范以及高等学校党委书记校长、院（系）党政负责人、名家大师、专业课骨干和日常思想政治教育骨干等讲授思政课；校领导要带头讲思政课、带头联系思政课教师，营造尊思政、重思政的浓郁氛围。同时，还要注重在待遇上提高，在政策上予以倾斜。高校要根据思政课教师的现实情况，把实际教学成绩、对学生的塑造和影响作为考核的主要依据，因地制宜设立思政课教师岗位津贴；要为思政课教师的教学科研工作创造便利条件，配备满足教学科研需要的办公空间、硬件设备和图书资料；教育主管部门和高校要大力培养、推荐、表彰思政课教师中的先进典型，加强宣传、引导，鼓励企业、社会人士采取捐赠等方式支持高等学校思政课教师队伍建设；在评选表彰中适当倾斜，切实提高思政课教师的职业地位、经济地位、社会地位和政治地位；要解决思政课教师队伍建设领域所存在的编制短缺、培养培训虚化、评奖评优边缘化、职称评聘和任务考核理想化、政策待遇落实难等问题，敢于动真碰硬，打破"唯文凭""唯论文""唯帽子"等意识，从根本上扭转不科学、不合理的体制机制。加大支持力度，完善保障体系。加快建设高素质专业化的思想理论课教师队伍，要充分尊重思想理论课的建设规律和思想理论课教师队伍的成长规律，加大政策激励、经费保障、条件支持、氛围营造的力度，落实中央的相关政策，把条件和资源集中到充分调动思政课教师的积极性、主动性和创造性上来，提升教师的获得感、幸福感，让广大思政课教师乐为、敢为、能为、有为，充满正能量，焕发出强大的生机活力。

四、深化科研创新

当前，随着时代的发展，越来越多的青年教师加入高校思政课教师队伍。但这支青年教师队伍的科研经验、写作能力、研究方法、教学水平存在很大程度的短板，不仅严重制约着教师个人的成长与发展，更不利于思政课堂教学实效性的提升。为打造一支业务精通、教学水平高超的思政课教师队伍，构建魅力课堂，亟须提高教师特别是青年教师的科研自觉和使命责任感。青年教师应对自我有准确定位，要有明确的个人职业发展规划与目标，抓科研，促教学，正确处理两者关系，树立高度的科研自觉，勇担职业使命，切实为立德树人任务尽自身一份力。

青年思政课教师队伍的人才建设和团队配合是提升青年思政课教师科研实力的组织保障。建好课程团队，优化教学模式，方能全面提升思想政治理论课教学质量。面对新时代、新形势、新需要，高校要着力打造优秀的教学科研团队，注重合作精神，发挥育人合力。长期以来，我国高校通过一系列举措，形成了一批"思政课教师名师工作室"和教学科研团队，发挥了学科带头人、教学名师和骨干教师的示范带头作用。但是，思政课教师团队建设也存在一些不足，具体表现为：一是团队精神有待加强。个别思政课教学科研团队成员习惯于单打独斗，协作意识较差，奉献精神不足，传帮带作用发挥得不够充分；二是团队结构不尽合理。由于学历情况、职称结构、学院结构等不尽相同，一些思政课团队在合作上存在着一定的障碍，容易出现合作交流不畅等问题。

因此，一是要通过强化学术交流来拓展教师理论视野，提升科研合作意识。采取"走出去，请进来"的多渠道，如选送中青年骨干教师到国内外知名大学和科研机构访学、交流，或邀请专家为教师开设专题讲座，通过了解借鉴优秀教学科研团队的打造经验、运行机制、保障机制，改变部分教师的传统观念，拓宽学术视野。在加强思政课教师理论武装的同时，还应加大选派教师参与学习考察、社会实践和挂职锻炼的力度，帮助思政课教师全面了解国情，在实践中打造核心竞争力。二是高校要认同并积极支持青年思政课教师的差异化发展，鼓励个人发挥专长，进行擅长的科研项目，不断强化个人核心竞争力建设。在科研创新领域，将个人的单兵作战与团队合作紧密结合，确保高校对其人力、物力的优先支持。在具体科研活动中，围绕科研目标、整合科研力量、合理配置科研资源。鼓励青年思政课教师或青年"精英"团队以自身优势为切入点进行创新性的教学实验和课题研究，激发教改活力。三是教育主管部门和高校应当加大对思政课教师科研的支持力度。教育部人文社科研究项目设立专项课题，教育主管部门设立相关项目，持续有力支持思政课教师开展教学研究。教育主管部门和高校要加强马克思主义理论教学科研成果学术阵地建设，支持新创办思改课研究学术期刊，相关哲学社会科学类学术期刊设立思政课研究栏目。高校应健全思政课教师专业技术职务（职称）评价机制，建立以同行专家评价为主的评价机制，突出思政课的政治性、思想性、学术性、专业性，评价专家应以马克思主义理论学科为主，同时可适当吸收相关学科专家参加。

"师者，人之模范也。"广大思政课教师是新时代中国特色社会主义的传道者，责任重大，使命光荣。通过上述诸多举措，努力打造一支乐为、敢为、能为、有为的思政课教师队伍，为莘莘学子点亮理想之灯，照亮前行的路，激励他们用青春抒写时代，用奋斗开创未来，是全体思政教师共同的目标与努力方向。

Reference
参考文献 ————————————————————————

[1] 李冰 . 新时代大学生思想政治教育概述 [M]. 长春：吉林大学出版社，2022.

[2] 吉爱明 . 新时代大学生思想政治教育发展探索 [M]. 北京：北京工业大学出版社，2020.

[3] 邓云晓，陆志荣 . 传统文化视阈下大学生思想政治教育创新研究 [M]. 成都：西南交通大学出版社，
     2020.

[4] 万娟 . 基于创新发展的高校思想政治教育研究 [M]. 长春：吉林大学出版社，2022.

[5] 刘淋淋，刘名学，段华琼 . 大学生思想政治教育实践与创新 [M]. 延吉：延边大学出版社，2022.

[6] 胡绍红 . 大学生思想政治教育研究 [M]. 北京：研究出版社，2020.

[7] 高华，张艳亮 . 高校大学生思想政治教育的多维探索 [M]. 长春：吉林大学出版社，2022.

[8] 董仲磊 . 新时代爱国主义教育融入思政课教学的互动性研究 [M]. 天津：天津人民出版社，2021.

[9] 李智慧 . 高校思想政治教育有效资源开发利用研究 [M]. 北京：旅游教育出版社，2022.

[10] 于超 . 大学生思想政治教育理论与实践创新研究 [M]. 长春：吉林大学出版社，2022.

[11] 钟媛媛 . 守正与创新 高校思想政治教育理论与实践 [M]. 北京：中国传媒大学出版社，2022.

[12] 李丹丹 . 网络文化环境下大学生思想政治教育研究 [M]. 沈阳：辽宁大学出版社，2021.

[13] 张乙方，张雯，王树辉 . 新时代大学生价值观与大学生思想政治教育创新研究 [M]. 延吉：延边
     大学出版社，2022.

[14] 钟家全 . 互联网与新时代高校思想政治教育队伍建设 [M]. 成都：西南交通大学出版社，2021.

[15] 神彦飞 . 新媒体时代高校思想政治教育范式转换与实践 [M]. 济南：山东大学出版社，2021.

[16] 龚婷 . 高校思想政治教育与传统文化的融合研究 [M]. 北京：北京工业大学出版社，2020.

[17] 张婷婷，黄家福，李珊珊 . 大数据时代背景下高校思想政治教育创新 [M]. 北京:北京燕山出版社，
     2022.

[18] 吴文妍，鲁玲玉，毕虹 . 当代高校思想政治教育理论与实践研究 [M]. 延吉：延边大学出版社，

2022.

[19] 徐俊，风笑天 . 高校大学生思想政治教育认同研究 [M]. 武汉：华中科技大学出版社，2022.

[20] 印建清 . 大学生思想政治教育实践教程 [M]. 北京：中国言实出版社，2021.

[21] 崔伟，陈娟 . 新时期高校大学生思想政治教育创新案例探究 [M]. 长春：吉林大学出版社，2022.

[22] 蒲勇，何雨洋 . 大学生思想政治教育主渠道和主阵地融合路径研究 [M]. 成都：四川大学出版社，2020.

[23] 房楠，杨辉著 . 新时代大学生思想政治教育与就业教育的融合研究 [M] 3 . 北京：中国财富出版社，2021.